"어떻게 하면 멋진 인생을 살수 있을까?"

100년간 우리 삶의 이정표가 되어준
아놀드베넷의 순수하고 진실된 인생 지침서

인간관계, 자녀교육, 사회생활, 기질과 습과,
연애와 결혼 등 우리가 빛나는
인생을 보낼 수 있는 10가지 방법

인생을 최고로 사는 지혜

How To Make the Best of Life

인생을 최고로 사는 지혜
How To Make the Best of Life

아놀드 베넷 지음 | 윤춘송 옮김

알파미디어

차례

1장

타고난 자질과 야망의 줄다리기

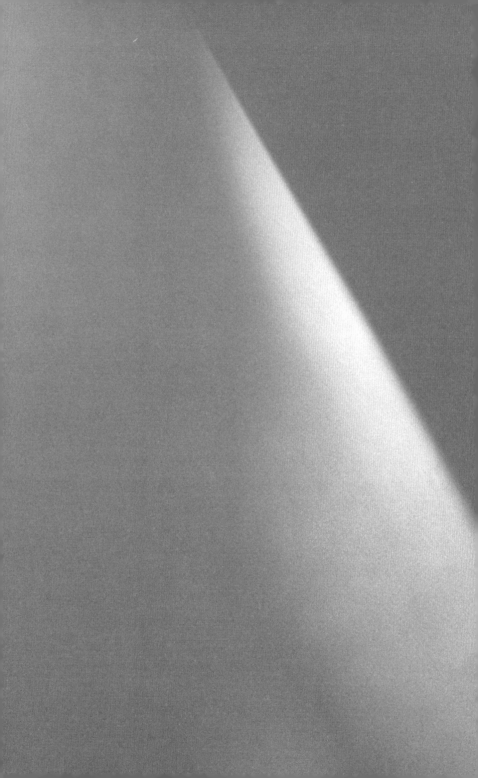

자신에게 맞는 꿈을 품어라

인생을 잘 살아가려면 욕망을 적절히 조절하면서 자신의 기질을 만족시켜야 한다. 이는 다른 무엇보다도 중요하다. 비록 냉철한 이성이 중요한 덕목이긴 해도, 그렇다고 인생을 이끌어가는 유일한 지침인 것은 아니다. 또 그렇게 되어서도 안 된다. 더욱이 항상 이성만을 따르려는 사람들은 대부분 엄청나게 지루하고, 분위기를 망치며, 까칠하고, 상상력이 부족하다. 다행히도 그런 사람들은 극히 드물지만 말이다.

사람이 이성적인 동물이라는 말은 시적 허영에 불과하다. 인간은 때때로 이성적일 수 있지만, 반대로 항상 본능적인 동물이기도 하다. 모든 사람은 특정한 기질을 지니고 태어나며, 기질은 생애 내내 영향을 미친다. 기질은 바람이나 조류가 항해에 미치는 영향과 비슷하지만, 항상 일정한 방향을 유지한다는 점에서 차이가 있다. 그 누구도 자신의 기질을 바꿀 수 없으며 아주 조금이라도 바꾸는 데 성공하는 사람조차 찾아보기 힘들다. 우리의 기질은 태어날 때부터 정해져 있다. 아주 뛰어난 기술을 가진 의사라 하더라도 눈동자 색을 바꿀 수는 있을지언정 기질을 바꾸지는 못한다. 생의 마지막 순간까지 기질은 모습을 드러낼 것이다. 무척 유감스러운 사실이긴 하지만 우리가 반드시 직시해야 할 진실이다.

자신의 기질을 충분히 이해하지 못한 채 삶의 방식을 정하거나 다른 사람의 말에 따라 일생의 길을 정한다면 반드시 문제가 발생한다. 만약 최악의 삶을 살고 싶다면 자신의 기질에 반대되게 살아보라. 기질은 언제나 승리할 것이며 이성의 힘을 끌어모아 대항하려는 시도는 헛수고로 끝날 것이다. 이성은 마치 활과 화살을 든 병사와 같고, 기질은 탱크로 무장한 군대와 같다. 자신의 기질을 받아들이는 것이야말로 지혜로운 선택이다. 당신이 젊고 대담한 사람이라도, 또 옆에서 아무리 현명하고 신중한 조언을 하더라도, 자신의 기질을 거스르는 길에 절대 돌이킬 수 없을 정도로 깊숙이 발을 들이지는 마라.

지금까지 내가 말한 기질이란 개인의 성향과 성격을 의미한다. 어떤 이는 리더의 자질로 태어나고, 어떤 이는 따르는 것을 선호하는 기질로 태어난다. 또 어떤 이는 책임감을 느끼는 걸 좋아하지만, 그보다 많은 이들이 책임지는 걸 싫어하는 성향으로 태어난다. 지난 전쟁(1차 세계대전-옮긴이)의 끝 무렵에는 책임을 벌레 보듯 혐오하는 무장한 영국인이 적어도 5백만 명은 됐을 것이다. 하지만 그것도 일시적 현상에 불과했다. 열정적인 사람도 있고, 수줍어하는 사람도 있다. 또 어떤 이는 목표, 행동, 장소의 변화를 시시때때로 추구하는 반면, 어떤 이는 매일 같은 시간에 같은 일만 하는 정기 승차권 같은 인생을 원한다.

혼자 일하는 것을 선호하는 이가 있는 반면, 동료들에게 둘러싸여 일하는 것을 선호하는 이도 있다. 또 아예 일하고 싶어 하지 않는 이도 있다. 이렇듯 타고난 기질이 다르지만, 그렇다고 해서 누군가에게 '당신은 타고난 기질이 게으르다'는 식으로 평가하지는 말아야 한다. 수년 동안 게으르게 살다가도 특정 시점부터 오랜 기간 열정적으로 살아가는 이도 많기 때문이다. 이는 신체 상태의 변화 때문일 수도 있고, 억눌려 있던 기질이 갑자기 어떤 승리를 계기로 폭발해서일 수도 있다. 일부 사람들은 야망을 타고나지만, 그보다 더 많은 사람이 야망적인 기질을 타고나지 못한다. 그래서 좋은 점도 있다. 생각해보라. 너도나도 나폴레옹이라면 세상은 시체로 가득 찰 것이고, 마지막까지 승리해서 홀로 남은 나폴레옹은 해부 대상인 시체 말고는 거느릴 신하조차 없을 것이다.

이렇게 설명했으니 서로 다른 기질에 관한 사례를 추가로 제시할 필요는 없을 것이다. 우리가 살펴본 것은 가장 극적으로 대비되는 두 가지 기질일 뿐이다. 실제로는 수백, 수천 가지의 기질이 있고, 독자들은 각각 자신의 기질이 무엇인지 파악할 수 있을 것이다. 모든 기질은 그 자체로 강력한 진실을 내포하고 있다. 기질은 대개 이성쯤이야 가볍게 제압하고 능가한다. 그렇다고 우리가 자신의 기질에 완전히 순응해야 할까? 반드시 그럴 필요는 없다. 그러나 기질이 완전히 억제될 경우 지속적인 행복을 경험하기는 어려울 수 있다. 반대로 기질에 완전히 몰두하면 개인과 사회가 모두 불행해질 가능성이 크다. 물론 기질 중에는 모범이 될 만한 것들도 있을 것이고, 반대로 매우 부정적인 영향을 끼치는 사악한 것도 있을 수 있다. 그러나 대부분의 기질 안에는 선과 악이 공존한다.

의회에서 다수당이 폭군에 맞서는 것처럼, 기질도 적절히 견제되어야 한다. 기질을 마음대로 바꿀 수는 없지만, 질서 있게 관리하는 것은 가능하며, 이것이 바로 이성의 역할이다. 어떤 이의 기질은 다른 사람의 재산을 무단으로 빼앗아 오라고 충동질할 수 있다. 그가 가난하다면 도둑질로 불릴 테고 그가 부유하다면 도벽이라 불릴 것이다. 이러한 기질을 억제하지 않으면 그 결과는 모든 측면에서 부정적일 것이다. 다행히도 사회는 이러한 기질을 강력하게 처벌한다. 기질은 쉽게 변하지 않지만 기질 때문에 발생하는 불가피한 결과는 어느 정도 통제할 수 있다. 하지만 자신의 것을 대책 없이 무작정 내어주라고 충동하는 기질은 사정이 다르다. 사회는 이런 행위에 간섭하지 않으며 실제로는 오히려 과도하게 부추겨 당사자에게 많은 해를 끼친다. 일반적으로 사람들은 자신의 기질이 사악한지 아닌지를 어느 정도 명확하게 자각할 수 있고, 주변 사람들은 이를 더욱 분명히 알아차린다. 그리고 이성에게는 기질이라는 강력한 적과의 전투에서 완전히 패배하는 비참한 상황을 피할 공정한 기회가 주어진다.

"기질을 얼마나 이해해야 하나요?"라는 질문에 대한 답은 "스스로 판단해야 한다"이다. 확실하게 말할 수 있는 것은 기질을 오로지 유리한 방향으로만 끼워 맞출 수 없고, 유리한 방향으로만 완전히 자유롭게 풀어놓을 수도 없다는 것이다. 이 두 극단 사이에 상식적인 경계를 설정해야 한다. 애매하고 모호하다고? 그렇다! 산다는 게 원래 애매하고 모호한 것이다.

타고난 기질은 삶에 어떤 영향을 미치는가

직업 선택은 인생에서 기질에 대한 고려가 절실히 필요한 첫 번째 중요한 순간이다. 이 중요한 결정의 시점에서 명심해야 할 핵심 사항은 단 두 가지다. 직업의 중요성은 말할 것도 없고, 선택의 어려움 또한 마찬가지다. 때로는 비극적이고 치명적인 실수를 저지르기도 한다. 그러나 더욱 놀라운 점은 실수가 자주 발생한다는 점이 아니라, 오히려 실수를 저지를 기회조차 너무 드물게 주어진다는 것이다.

대다수의 부모나 자녀는 적절한 결정을 내리기에 충분한 준비가 되어 있지 않다. 부모는 종종 자신이 어릴 적 느꼈던 감정을 모조리 잊어버리고, 자신의 부모가 자신에게 저지른 잘못을 반복하곤 한다. 많은 부모가 자신의 취향과 욕구를 전지전능한 지혜로 착각하며, 자녀의 심리를 부지런히 살펴보려고 하지 않는다. 부모는 자녀를 세상에 태어나게 해준 대가로 자녀가 맹목적으로 순종해야 한다고 여기기 쉽다. 자신의 인생을 끔찍하게 망친 부모가 자녀에게 마치 솔로몬이나 되는 것처럼 군림하는 건 드문 일이 아니다.

반면에 부모가 자녀에 관해 아는 것이 거의 없으면 자녀도 자기 자신에게 확신을 갖기 어렵다. 직업을 선택하는 시기에 자녀의 기질이 절반도 발달하지 않은 상태인 경우가 결코 드물지 않다. 이는 직업을 선택한 이후에 교육 방향이 정해지기 때문이다. 따라서 직업은 가능한 한 이른 시기에 선택하는 것이 바람직하다. 청소년기는 기질적 특성이 영구적으로 형성되는 변화를 받아들이기에 적합한 시기다. 대부분의 청소년은 주변 환경에 따른 외부 자극에 영향을 받는다. 부모처럼 그들도 직업을 갖기 위한 준비 기간에 환경의 영향을 받을 것이다.

인생 초기에 겪는 어려움은 나중에 성인이 되었을 때 사소한 것으로 보일 수 있지만, 젊은이에게 이 임무를 이겨내는 것은 어려운 과제다. 나이가 들면서 사람들은 어려움을 피하려 하지만, 청소년기에 책임을 회피한다면 나이 든 후에 어려움만 늘어난다. 이는 비겁함의 한 형태일 뿐이다. 인생을 경험하는 시간은 기껏해야 몇 년이지만, 한 번 잘못 형성된 기질은 무덤까지 밤낮을 가리지 않고 괴롭힌다.

부모가 이렇게 말한다고 가정해보자. "아버지는 변호사로서 명성을 쌓아왔어. 이제 네가 이 일을 물려받을 차례야. 네가 변호사가 되기 위한 모든 준비가 이미 되어 있는데, 대체 기술자가 되고 싶다는 말도 안 되는 멍청한 이야기를 왜 하는 거냐? 나는 그런 헛소리는 듣고 싶지 않다."

이성이 기질을 압도했다고 여길지도 모르지만, 기질은 악마처럼 보복하는 존재다. 절대로 양보하거나 용서하지 않는다. 그리고 그 복수는 분명히 아이에게, 어쩌면 아이와 부모 모두에게 이루어질 것이다.

직업을 선택할 때 범하는 일반적인 실수는 모든 청소년이 야망을 가지고 있다는 잘못된 가정에서 비롯된다. 앞서 언급했듯이, 이는 사실이 아니다. 약간의 설명을 보태 말하자면, 부족함 없이 자란 대부분의 젊은이가 자신은 야망이 있다고 생각한다. 그리고 자신의 핏줄이 평범하다는 사실을 받아들이지 못하는 부모는 이러한 생각을 부추긴다. 그들은 의심할 여지 없이 야망이 있는 자신의 아이가 멋지게 성공하고, 동년배들 사이에서 두각을 나타내며, 부와 권력을 얻어 사치를 누릴 것이라 기대한다.

그러나 우리 각자가 느끼는 이 모호한 갈망과 지속적이고 강렬한 출세욕 사이에는 분명한 차이가 있다. 목적을 갈망하는 자는 수단도 갈망한다. 야망을 실현하는 데 필요한 요소로는 진취성, 지칠 줄 모르는 에너지, 패배를 모르는 낙관주의, 풍부한 자원, 이기주의 등이다. 야망을 실현하는 데 필요한 에너지를 소모하고 진정으로 희생을 감수하려는 젊은이가 과연 몇 명이나 될까? 극소수이다. 야망은 채찍을 휘두르며 앞으로 나아가라고 몰아붙이는 일곱 악마와 같다. 기질적 본능으로 이를 기꺼이 받아들이는 자만이 그 과정에서 행복을 느낄 수 있다. 야망을 성공적으로 이루었다고 해도, 다른 방식으로 자신의 기질을 만족시킨 사람보다 행복하리란 보장도 없다.

그런데도 부모는 자녀를 설득하려 하고, 자녀 역시 자신을 설득해 자신에게 없는 자질을 요구하는 어려운 직업에 도전한다. 단지 야망을 품는 것이 칭찬받을 가치가 있다고 생각하는 망상 때문에 말이다! 자신의 야망을 실현하는 데 실패한 부모가 자신의 이기적인 동기로 실제 기질과 관계없이 자녀를 통해 대리 만족하려고 시도하는 사례는 무수히 많다.

"나는 실패했지만 너는 성공해야 한다." 이렇게 말하는 부모가 박수를 받기도 하지만, 분명히 알아야 할 것은 이러한 태도가 자녀에게는 심각한 부담이며 범죄 행위일 수 있다는 점이다.

사랑하지 않는 것보다 사랑한 뒤 상실감을 겪는 것이 낫 긴 하지만, 그렇다고 달성할 수 없는 목표를 추구하는 것이 반드시 좋은 일만은 아니다. 실패는 결과를 낳는다. 성공만 큼 좋은 것은 없고 실패만큼 나쁜 것도 없다. 실패는 때때로 사람의 기질을 영구적으로 망가뜨리며, 앞으로 있을 작은 성공마저 불가능하게 만들 수 있다. 실패가 예상된다면 장 티푸스를 대비하는 것보다 더 조심스러운 마음으로 위험을 따져보아야 한다. 실패를 겪고 나면 누구나 어떤 형태로든 영향을 받기 때문이다.

"별 이상한 사람이 다 있네! 야망을 품지 말고, 시도조차 하지 말라고 설교하다니! 야망은 당연히 격려받아야 한다 고!"라고 소리치는 사람이 많을 것이다. 아니다. 나는 야망 이나 노력에 관해 설교하는 것이 아니다! 겉으로만 그럴싸 한 거짓 야망과 잘못된 방향으로 노력하는 것에 반대하는 것이다. 내 유일한 목적은 위험한 환상을 제거하는 것이다. 야망을 꺾는 것은 사실상 불가능하다. 진정한 야망은 어떻 게든 발현되기 때문이다.

청소년에게 영향을 미치는 주변 어른이 특정 직업의 장점 보다 청소년의 일반적인 자질을 먼저 고려한다면, 진로 선 택과 관련해 발생할 수 있는 문제들, 예를 들면 본인의 의견 이 억압돼, 이후에 비극으로 이어지는 실수들이 줄어들 것이다. 다시 말하자면, 세부 사항이 아니라 일반적인 사항을 먼저 살펴본다면 말이다. 대다수 청소년은 일정한 범위 내의 여러 직업에서 똑같이 잘하거나 못할 수 있다. 다시 말해, 어떤 청소년이 특정 분야에 매력을 느끼거나 적성이 있다면, 그 분야의 세부적인 선택은 그리 중요하지 않다. 예를 들어 어떤 청소년이 소매업을 가장 매력적으로 느끼거나 그쪽에 적성을 보인다면 그는 식료품, 커튼, 담배와 시가, 식기, 어린이 장난감 중 어떤 것을 소매하는 일이든 크게 개의치 않을 것이다. 그에게 커튼 무역 일을 하는 삼촌이 있다면, 식료품 소매 일에 마음을 두었더라도 커튼 소매업 쪽으로 방향을 전환하는 것이 좋다. 이 같은 결정은 그의 기질 또한 치명적인 결함이 되지 않도록 도와주며, 좌절 대신 성공으로 이끌 것이다.

반면에 시간 개념이 희박하고 방랑가적인 기질을 가지고 있으며 지루한 일상을 혐오하고 펜과 잉크를 멀리하는 젊은이라면(불행히도 이런 골치 아픈 기질 역시 존재하며 때로는 우연히 엄청난 성공을 거두기도 한다), 당연히 다음과 같은 조언을 하더라도 아무런 의미가 없다.

"네 아버지는 은행 지점장이고, 삼촌은 보험회사 회계사, 대부는 정부 고위 관리자야. 네 이모의 사촌은 런던 시의회 전차 담당 부서의 영향력 있는 인물이고. 네가 선택할 수 있는 멋진 직업이 얼마나 많은지 봐봐! 이 중에서 마음에 드는 직업을 골라봐. 네게는 무엇이든 선택할 수 있는 자유가 있단다." 이렇게 말하는 것도 위와 같은 기질을 가진 아이에게는 무의미하다. 차라리 물에 뛰어들거나, 목을 매달거나, 머리에 총을 쏘거나, 위스키를 들이켜고 마음껏 위험한 일에 뛰어들도록 내버려두는 쪽이 더 나을 것이다. 그러니 아이가 자신의 기질과 맞지 않는 환경에 뛰어들도록 방치하는 것보다는, 아이와 함께 그의 기질에서 비롯되는 장점과 단점이 무엇인지 파악하고, 장점을 살릴 수 있으면서 단점이 크게 문제되지 않는 직업을 찾는 것이 훨씬 낫다. 아무리 훌륭하고 유망한 직업이라도 당사자인 젊은이의 기질에 맞지 않으면 모두 배제해야 한다.

드물게 발생하는 사례와 빈번하게 발생하는 사례 두 가지가 있는데, 모두 큰 문제가 되지는 않는다. 첫 번째는 기질이 특정 방향으로 너무 강력하게 기울어서 자신이 무엇을 원하는지 완벽하게 알고 주변에도 적극적으로 표현하는 청소년들이다. 이 경우 진로 선택은 아주 초기에 이루어진다. 물론 실행 과정에서 문제가 발생할 수도 있지만 문제가 아무리 심각하다 하더라도 이런 젊은이는 운이 좋다고 보아야 한다. 다른 이들보다 축복을 받고, 그의 기질에 맞는 일을 찾았기에 쉽게 흔들리거나 실패에 굴하지 않기 때문이다.

두 번째 청소년 부류는 기질이 강렬하지 않아 무언가에 대한 강한 선호도가 없어 자신이 앞으로 어떤 일을 하든 크게 신경 쓰지 않는 유형이다. 사실 이런 부류의 젊은이들이 국적을 불문하고 가장 많다. 어디든 존재하는데 눈에 띄지 않을 뿐이다. 이들은 삶이 불행하다고 느끼지 않으며, 주목받고 싶어 하는 기질을 보유했지만 충분한 역량을 발휘하지 못해 적대적으로 살아가는 이들보다 훨씬 덜 불행하다. 하지만 자신이 태어나면서부터 잘할 수 있는 일을 찾아서 하는 사람이 느끼는 깊고 자연스러운 만족에 대해서는 알 수가 없다. 이들은 파도나 바람 같은 자연의 힘처럼 살아가며, 유일하게 진정한 삶을 살아가고 최선을 다해 최고의 인생을 완성한다.

목표 달성이 정말 최고의 행복일까

이상하게 들릴지 모르지만, 야심 차고 강한 의지를 가진 사람은 운명에 순응하며 평범한 삶에 만족하는 사람들로부터 중요한 교훈을 배울 수 있다. 하지만 100명 중 단 한 명도 이 교훈을 배우지 못한다. 그들은 교만에 빠져 자신이 밟고 올라서야 하는 하찮은 사람들에게서 배울 점이 있을 거라고는 생각조차 하지 못하기 때문이다.

야심 있는 사람들은 대개 세 가지 목표 중 하나를 추구한다. 때로는 그중 두 가지를, 때로는 세 가지 모두를 추구한다. 바로 권력, 돈, 지식이다. 이런 영광은 쉽게 얻을 수 없으며 인생의 절반, 또는 4분의 3을 전력투구해야만 얻을 수 있다. 야심이 있는 사람은 목표에 시선을 고정하고, 좁고 어려운 길에서조차 목표를 놓지 않는다. 그는 한 가지 생각에 자신의 모든 행위를 뒷받침해야 하는 사람이다. 시간은 그에게 매우 소중하며, 처음부터 낭비할 여지도 주지 않는다. 그는 시간을 낭비하고 싶은 욕구조차 없으며, 시간을 낭비하는 것을 혐오한다. 그의 습관은 확실하게 형성되고, 확립된 습관은 쇳물의 형태를 잡는 거푸집과 같아 결코 구부러지거나 망가지지 않는다. 습관은 이를 확립한 사람의 세포 같은 일부가 되어 그를 감옥처럼 놓아주지 않는다….

　끝끝내 야망을 이룬 그는 아마 쉰 살이나 쉰다섯, 예순일 수도 있다. 목표를 달성한 후에도 그는 자신이 성공했다고 즉각적으로 믿지 못한다. 하지만 결국 그 엄청난 사실을 인정하게 된다.

　"나는 목표 지점에 도달했어!"라고 외친다. 믿을 수 없다는 듯이, "나는 도달했어! 나는 도달했어! 나는 도달했어!"라고 반복한다. 그런 다음 자신에게 말한다.

　"이제 더는 노력을 쥐어짤 필요가 없어. 앞으로 지금까지 억눌렀던 욕구를 마음껏 채울 거야. 나는 이제 긴장을 내려놓고 재미있는 일을 할 거야. 나 자신을 해방하고 날아가듯이 즐겁게 살 거야."

　그리고 결단의 사나이답게 다음 날 아침부터 새로운 인생을 시작하겠다는 굳은 결심을 하며 잠자리에 든다. 그리고 다음 날 아침, 그는 새로운 인생을 시작하지 못한다. 마치 주인을 잃은 개와 같은 상태가 된다. 야망을 좇으라며 채찍질하는 훌륭한 자극이 바로 그의 주인이었는데, 그 자극이 사라져버렸기 때문이다. 그는 이제 다시 과감하게 생각한다.

"내 주인은 폭군이었어. 개에 대한 이해가 전혀 없고, 기괴할 정도로 규율에만 집착하고 잔인할 뿐만 아니라 절대 만족하는 법이 없었지. 잘 사라졌어! 이제 내가 주인이야. 내게는 시간이 넘쳐나."

그는 바보처럼 꼬리를 흔들고 아무 목적 없이 여기저기를 돌아다닌다. 별 흥미도 없이 고개를 두리번거리며 냄새를 맡다가 환멸을 느끼고 길바닥에서 잠이 든다. 그러다가 자동차에 치여 목숨을 잃을 위기를 모면하고서, 마침내 이렇게 생각한다.

"주인이 영원히 나를 잃어버리지는 않았을 거야." 그리고 잔인한 폭군의 발꿈치를 눈먼 것처럼 뒤따르는 다른 모든 개를 부러워한다.

세상은 위대한 성공의 희생자를 우러러보며 외친다. "이 사람은 원하는 것을 모두 얻었는데도 표정이 어둡네. 그렇게 성공했는데도 왜 행복한 환호성을 지르지 않지?"

보통 사람들은 이렇게 질문할 수 있다. 답은 간단하다. 그 남자는 행복하지 않은 것이다. 목표를 성취하면서 동시에 이뤄야 할 목표가 사라진 것이고, 그래서 진정한 흥미 역시 사라진 것이다. 그는 목표를 달성하는 그 시간 동안 자신이 확립했던 엄격한 습관이나 행동 규칙뿐 아니라 생각에 지배당하는 노예가 되었다. 무려 반세기 동안 그는 미래에서 산 것이나 마찬가지다. 그런 그가 이제 현재를 살고 싶어 한들 쉽게 되지 않는다. 반세기 동안 그는 보통 사람들의 세계를 회피해왔고, 이제 그가 다시 평범한 세계에 합류하려 해도 어울리지 못한다. 그도 이런 사실을 깨닫는다. 그의 존재는 부정할 수 없는 냉혹한 현실 속에서 종말로 다가선다. 그 누구도 그가 인생을 허비했다고도, 그가 누구나 가질 수 없는 엄청난 자질을 훌륭하게 발휘하면서 솟구치는 희열을 누리지 못했다고도 말할 수 없다.

그렇다면 그는 최고의 인생을 산 걸까? 그렇지 않다는 증거는 현재 그가 느끼는 주된 감정이 실망감이라는 단순한 사실 하나만으로도 충분하다. 그는 인생을 열심히 살아왔지만, 그의 심장이 부르짖는 소리는 이렇다.

"다시 잘 살아가고 싶지만, 어찌 된 일인지 그럴 수 없어요." 그는 강렬하게 살았지만, 완전하지는 않았다. 그는 인생의 3분의 2를 편집광이 되는 데 썼으며, 그 작업의 사악한 결과를 되돌릴 수 없다는 사실에 낙담하고 절망한다.

인생은 뛰어난 자질을 성공적으로 발휘하는 것 이상의 중요한 요소들로 가득 차 있다. 야망이 있는 사람들, 특히 젊은이들은 자신의 뛰어난 기질이 전부가 아니라는 사실을 깨달아야 한다. 그들은 아침, 오후, 저녁까지 일에 매달리며 인생을 자신만의 특별한 목표에만 바치며 산다. 그 과정에서 평범한 삶과 그런 삶을 살아가는 보통 사람들을 멀리하고 경멸하기까지 한다. 여자들에게는 마치 우월감을 가지고 내려다보는 듯한 자세로 거리를 두며 이렇게 말한다.

"여자들은 자기 일을 하면 되죠. 나는 더 중요한 소명에 부름을 받았고 맞는 표현일지 모르지만, 사소한 일에 노닥거릴 여유가 없습니다."

그는 엄격한 규율 속에 사는 트라피스트회(성 베네딕토의 규율을 따르는 가톨릭교회의 관상 수도회-옮긴이) 수도원의 수도승과 같다. 그가 도모하는 일은 나이아가라 폭포만큼이나 압도적이다. 이를 목격하고 놀라움에 감탄을 금치 못하는 사람들은 이렇게 말한다.

"여기에 젊은이의 모범이 있다."

그리고 이 모범적인 청년은 스스로를 동경한다. 실제로 그럴 만한 근거 역시 있다. 그는 자신이 아주 훌륭한 일을 하고 있다고 생각한다. 예외를 생각할 수도 없는 훌륭한 일이다. 그렇지만 세상에 예외를 생각할 수 없을 정도로 훌륭한 일은 없다. 예외는 받아들일 수 있고 받아들여야만 한다.

야망에 찬 사람들은 평범한 사람들, 들에 핀 꽃들을 생각해야 한다. 그들은 전심전력을 다 하지도 않고, 화려하지도 않다. 하지만 그들은 삶을 중단하지 않는다. 그들은 어떻게든 현재에 성실히 뿌리 내리고 살면서 날마다 조금이라도 즐거움을 얻기 위해 최선을 다한다. 그들이 부주의하게 시간을 낭비한다는 사실을 부정할 수는 없지만, 일정한 한도 안에서 돈을 쓰는 것처럼 일정한 양의 시간을 낭비하는 건 나쁘다고 할 수 없다. 반 페니를 쓰면서도 두 번씩 멈칫거리며 주저하는 사람은 무조건 이성의 명령을 엄격히 지키는 사람만큼이나 엄청난 골칫거리다. 모든 낭비가 엄격하게 금지되는 세상을 상상해보라. 끔찍한 세상이 될 것이다.

그렇다. 시간, 돈, 집중력을 적당히 낭비하는 건 가치 있고 건전하게 살아가는 인생에서 없어서는 안 될 필수불가결한 요소다. 낭비는 대개 오락거리의 또 다른 이름일 뿐이다. 목적 없는 기분 전환과 그로 인한 순수한 즐거움은 올바른 삶을 위해 필수적이다.

젊었을 때 기분 전환하는 습관을 몸에 익히지 못하면 자신의 나이대에 해야 할 숙제를 하지 않는 것과 같다. 남학생은 남자가 되는 법을 배우고, 성인이 된 남자는 노인이 되는 법을 배워야 한다. 젊었을 때 즐거울 수 있는 방법을 연습하

지 않는다면 어떻게 나이 들어 기쁨을 누리겠는가? 누군가
는 "나는 일하는 즐거움을 누려요"라고 말할 테지만, 우리
도 다 알고 있듯이 일하는 즐거움은 여기서 내가 의미하는
그 즐거움이 아니다. 인생에서 꼭 필요한 것은 편히 마음을
풀어주는 그런 즐거움이다. 어떤 야심가는 30년 동안 절대
로 긴장을 놓지 않고 살다가 목표를 성취한 이후에 "이빨이
모두 뽑힌 뒤에야 하늘이 단단한 견과를 기꺼이 내어준다"
라는 사실을 깨닫는다. 평범한 사람에게는 거의 일어나지
않는 운명이다!

그렇다고 내가 지극히 평범한 인생을 극찬하는 것은 아니
다. 평범한 사람도 세상사가 돌아가는 데 반드시 있어야 할
사람들이고 아무런 문제가 없지만, 그래도 야망이 있는 사
람들이 세상에서 더 나은 역할을 한다. 다만, 일반인도 기질
이 특별한 사람들이 종종 실패하는 어떤 특정 분야에서는
성공할 수 있다. 평범한 인생을 사는 사람들은 일생에 걸쳐
꽤 골고루 즐거움을 누린다. 미래에 다가올 10년 동안 소화
할 수도 없을 만큼의 흑자를 내기 위해 현재의 40년 동안
자신을 괴롭히지 않는다. 그리고 평범한 남성들은 여성들이
자신들을 하찮게 여기는 말들을 많이 하면서도, 강건한 기
질을 가진 남성들에게는 예의를 차리며 가까이하지 않는다
는 사실을 잘 알고 있다.

야망이 있는 사람은 야망이 없는 사람을 모방하지는 않지만, 한 수 아래로 내려보는 중에 힌트 정도는 얻으려 할 수도 있다. 조금 따라 해볼 수도 있고, 미래를 사는 것과 현재를 사는 것 사이에 어느 정도 타협을 할 수도 있다. 물론 시간이 없다며 이 말에 이의를 제기할 수도 있지만, 그러한 반박은 받아들여져서는 안 된다. 삶을 온전히 음미할 수 있는 능력 없이 긴 시간 동안 삶을 부분적으로만 경험하는 것은 분명히 잘못된 접근이다.

습관은 깨뜨릴 수 있어야 한다

지나치게 조심스러운 사람들은 여기서 분명히 외칠 것이다. "하지만 그건 위험한 조언이다!"

그렇긴 하다. 하지만 모든 조언은 주는 사람과 받는 사람 모두에게 위험하다. 그리고 살아 있다는 것 자체가 사실 매우 위험한 경험이다. 정말로 모든 위험을 피하고 싶은 사람은 인생을 조기에 만료시킬 준비를 하는 편이 낫다. 심지어 이는 야망이 있는 사람과 없는 사람 모두에게 동일하게 적용된다. 완벽함을 추구하는 과정에서 너무 엄격하게 좋은 습관만을 갖추려다 보면, 오히려 다른 극단으로 치우쳐 나쁜 습관에 빠질 수도 있다는 점을 인정해야 한다.

하지만 개인적으로는 이러한 위험을 감수하는 것이 가치

가 있다고 본다. 나는 독선적이고, 고집이 세며, 자기만 좋으면 만사가 괜찮다는 속물적 태도를 가진 사람이 모든 죄인 중에서도 가장 최악이라는 걸 부정할 수 없다. 만약 이런 독선적인 속물과 함께 무인도에서 내 남은 인생을 보내는 것과 무능하고 태만하고 게으른 열패감에 젖어 홀로 무인도에서 남은 인생을 보내는 선택지 중 하나를 택해야 한다면, 나는 의심할 여지 없이 후자를 택할 것이다. 실패에 대해서도 할 말이 있다. 일반적으로 실패는 대개 우리에게 관대하다. 반면, 좋은 습관에 과도하게 집착하는 것은 융통성을 상실하게 만들 수 있다.

진실은 ─ 물론, 내가 이 어마어마한 단어인 '진실'을 언급할 때는 그 한 측면만을 의미한다 ─ 삶의 본질이 균형을 잃지 않고 비례감을 유지하는 데 있다는 것이다. 쉽게 비유해보자면, 삶의 올바른 길은 때로 직선일 때도 있고 곡선일 때도 있으며, 양쪽으로 완만하거나 또는 가파르게 경사진 능선을 따라가야 할 때도 있다. 아무리 경험이 부족해도 양쪽모두 가파르고 위험한 경사가 져 있다면 가운데 놓인 길을 알아보고 따라갈 수 있다. 하지만 경사가 크지 않아 능선이 뚜렷하게 보이지 않을 때는 가장 신중한 사람이더라도 길을 잃지 않기 위해 두려워하고 조심해야 한다. 길이 처음에는 쉽더라도 일정 지점에 이르러서는 오를 수 없을 정도로 힘들거나, 오른다 해도 의지와 에너지, 끈기를 초월적인 노력으로 끌어모아야만 할 수도 있다. 그런 노력은 대다수가 발휘하기 쉽지 않을 것이다. 비유를 너무 확대하다 보면 가치를 잃을 수 있으므로 이 정도에서 마무리하겠다.

앞에서 언급한 균형의 달성은 주로 정신적 습관을 통해 이루어진다. 육체적 습관은 그저 정신적 습관에 따라 형성되는 부수적인 것일 뿐이다. 절대적으로 고정된 습관을 조심해야 한다. 이는 대체로 비례감의 상실이나 정신 구조의 한 부분이 다른 부분을 압도하고 있음을 나타낸다. 고정된 습관은 결국 무모함으로 치달으며, 마침내 유기적 구조 안의 경쟁자에게 엄청난 희생을 요구하게 될 것이다.

신문을 보면 이런 기사를 읽을 수 있다. "조슈아 크라스 씨가 어제 88세의 나이로 영면했습니다. 그는 죽기 전까지 윈체스터 대성당 합창단의 저명한 단원이었습니다. 그는 무려 76년 동안 단 한 번도 예배 공연에 빠지지 않은 사실을 무척 자랑스러워했습니다."

끔찍한 기록이다. 예배를 놓치지 않은 것은 합창단원으로서 칭찬받을 일이지만, 76년 동안 합창단 일정에 묶여 있었다는 건 인간성에 반하는 범죄라고 보아야 한다. 조슈아 크라스 씨는 예를 들어 대략 25년 동안 쉬지 않고 일한 후에 단 하나의 목표를 위해 인생의 범위를 축소해버린 것이 분명하다. 즉 윈체스터 대성당의 예배를 놓치지 않는 것 말이다. 그 습관은 그의 사고 유기체에서 독재자처럼 군림했을 것이다. 크라스 씨 머릿속 유기체는 오로지 그 습관만을 의식했을 뿐 다른 아무런 생각도 하지 못했다. 모든 사회적 그리고 가족적 고려 사항은 하나의 기준일 뿐 영향을 미치지 못했다. 윈체스터 대성당 예배에 참석하는 데 방해가 되는 모든 요소는 그의 머릿속에서 추방당했을 것이다.

극단적 예이긴 하지만 이와 같은 종류의 상황을 우리 주변에서 쉽게 찾아볼 수 있다. 아내가 남편에 대해(별로 자랑스럽지 않은 말투로) "존은 슬렁슬렁 일하다가 친구들과 어울리거나 노닥거리면서 시간을 보내요. 절대 변하지 않을 거예요"라고 말한다면 남편은 자신을 돌아보고 경계해야 한다. 그의 생활 방식은 균형을 잃어가고 있는 것이며, 그의 삶은 점점 무자비한 폭군이 지배하는 군주제로 변해가고 있을지도 모른다.

고정된 습관에 빠지면, 어떤 대가를 치르더라도 그 습관을 깨뜨려야 한다. 습관을 깨트리고 무슨 일이 일어나는지 지켜봐라. 단순히 습관을 깨는 행위만으로도 자제력을 회복하는 절제의 증거가 된다. 중요한 것은 그 습관이 어떻게 자신과 주변 사람들에게 영향을 미쳤는지, 동료들의 평온을 얼마나 방해했는지, 그리고 의도치 않게 다른 사람의 안녕에 해를 끼치지는 않았는지 알아내는 것이다. 좋다고 여겼던 습관이 실제로는 오히려 나쁜 결과만 초래했다고 판명될 수도 있다. 그렇다면, 그 습관의 전반적인 효과를 면밀히 점검해야 한다. 이는 습관을 일시적으로 중단하고 그로 인한 결과를 종합적으로 검토함으로써 확인할 수 있다.

오직 유익한 영향만 미치는 습관은 드물다. 최선으로 생활한다는 것은 그리 간단한 일이 아니다. 우리는 유기체의 물리적 부분에 관해 거의 알지 못하며, 특히 정신적인 부분에 대해서는 많이 알지 못한다. 최근에 중요한 발견이 있었음에도 불구하고 여전히 미지의 영역이 많다. 심지어 생의 마지막 순간에 이른 사람도 자기 자신에 대해 알아가는 첫걸음조차 떼지 못했을 수 있다. 그럼에도 불구하고, 청소년들은 유기체를 다루는 올바른 삶을 위한 방법을 찾아나가야 한다. 조기에 발견해서 자기 것으로 만들지 못하면, 삶은 뒤죽박죽이 되고 만다.

사실 청소년에게는 조기에 발견한다는 게 어려운 일이다. 웬일인지 신의 섭리가 노인에게서 지혜를 배우는 능력을 젊은이들로부터 빼앗아버렸기 때문이다! 청소년은 인간이 습관의 창조물이라는 사실을 깨달아야만 진정으로 성공적인 인생을 살 수 있다.

2장

인생 감각을 기르기 위한 중요한 원칙

모든 인간관계는 조건이 필요하다

외로움이 인생 최고의 경험이라고 믿지 않는다면, 높은 빌딩을 소유할 정도의 재산이나 사업이 없다면, 빨래, 요리, 설거지 등 일상의 기본적인 일들을 스스로 하지 않는다면, 또 자기 치아를 스스로 뽑을 수 없다면, 타인과의 관계를 잘 유지하지 않고서는 인생을 살아갈 수 없다. 인간관계 문제가 갈수록 중요해지고 있는 상황에서 두 가지 핵심 원칙이 우리의 삶을 마치 고속도로처럼 관통한다.

주변에서 살아 있는 파리의 다리를 잡아당기며 노는 무시무시한 어린 소년을 쉽게 발견할 수 있을 것이다. 아마 당신도 그런 끔찍한 어린 소년이었을 것이다. 우리 대부분은 그렇다. 대개 놀랍도록 초연한 마음으로 작은 곤충을 고문하기를 즐긴다. 당연히 소년은 자신의 기분 전환을 위해 잔혹한 행위를 하는 것이며 의도적이기도 하다. 이런 행위는 분명 끔찍하며, 특히 곤충이 진액을 뿜어내며 해체되는 순간은 확실히 잔인하다. 그렇다고 그 소년이 죄악덩어리인 것은 아니다. 아마도 소년의 어머니는 지극한 애정으로 그를 대할 것이다. 그리고 소년은 자매들에게는 무척 친절할 수도 있다. 소년은 좋은 이상과 의도, 그리고 자신이 살아가는 세상보다 더 나은 미래를 만들고자 하는 열망으로 가득 찬 훌륭한 인재일지도 모른다. 그런데 그는 왜 무력하고 무고한 동물을 고문할까? 그건 그저 파리가 느끼는 고통을 굳이 생각해보지 않았기 때문이다.

파리의 시선으로 세상을 바라보지 않는 소년은 자신에게 이렇게 물어야 마땅하다.

"에펠탑만큼 큰 남자가 다가와서 내 다리를 잡아 뜯는다면 기분이 어떨까?"

그러나 소년이 이렇게 역지사지로 생각해볼 가능성은 높지 않다. 파리 시선으로 생각해본다는, 이 고도의 상상력이 필요한 기술이 대다수 어린 소년에게는 부족하다. 그렇다. 청소년들에게 가장 중요한 결점은 아니더라도, 어찌되었든 부족한 것이 바로 상상력의 결핍이다. 누군가는 이렇게 말할 수도 있다.

"아! 하지만 그건 상상력이 부족해서일 리가 없어요. 저도 그런 소년 하나를 알고 있는데요. 그 아이는 상상력이 매우 풍부합니다. 가끔 소파를 방 한가운데로 모아놓고 그 위로 뛰어올라 무인도에 있는 자신을 상상하며 노는 아이예요. 그리고 놀라운 모험 이야기를 잘 지어내거든요."

그건 그렇지만, 파리의 시선으로 생각해보는 것은 단순한 상상에 의한 것이 아니다. 그저 환상이나 지어낸 공상, 상상과는 다르며 더 높은 단계의 사고다. 예를 들어 만약 그 소년이 정말로 무인도에 있는 자신을 상상할 수 있다면 더는 무인도 게임을 하지 않을 것이다. 그건 너무 힘들고 고통스러운 경험일 것이기 때문이다. 소년은 그의 환상이나 공상을 즐겁고 낭만적인 측면으로만 제한한다. 즉 진정한 상상력은 온전히 다른 존재가 되어 느끼고 공감하며 생각하는 능력이다. 그렇게 함으로써 우리는 불필요한 사회적 갈등을 피할 수 있다.

여기에 올바른 인간관계의 첫 번째 위대한 법칙이 숨어 있다. 모든 갈등을 피할 수는 없지만 대부분 비껴갈 수는 있다. 파리는 병균을 옮기는 해충이므로 죽여야 하는데, 소년은 굳이 손으로 만지면서 자신과 파리 사이에 불필요한 갈등을 만들었다. 만약 파리가 몇 배 더 컸다면 소년은 갈등이 무엇인지 그 실체를 알았을 것이다. (남자아이들은 꿀벌이나 말벌,

쐐기 종류는 잘 건드리지 않는다. 왜냐하면 이런 곤충들은 소년에게 갈등 상황이 무엇인지 분명히 알려주기 때문이다.)

젊음은 잔인하고, 타협하지 않고, 가혹한 판단을 하는 것으로 악명이 높다. 젊은이들은 격렬하게 부인할지도 모르겠지만 사실이 그렇다. 젊은이들이 나이가 들면 역시 자기보다 아래 세대의 젊은이들이 잔인하고 타협을 모르며 가혹하다는 생각을 당연히 하게 될 것이다. 이는 대부분 위에서 언급한 능력의 결함, 즉 상상력의 부족에 있다. 인간관계의 거의 모든 잔인함은 상상력의 부족에서 비롯된다.

자신을 다른 사람의 입장에 두어 생각해보는 재능을 의도적으로 키우는 것은 인간관계에 관한 지혜를 배우는 시작이며 좋은 유머 감각을 갖추는 영구적 기초다. 이 재능을 키우고 훈련하고 실천한다면 삶의 즐거움을 누리는 맛 자체가 바뀔 것이다. 이 재능이 다른 사람에게 미치는 영향은 거의 마술에 가깝다. 상대방은 즉시 자신이 이해받고 있다는 느낌을 받을 것이다. 반대로 이 재능이 자신에게 미치는 영향 또한 신비롭다. 상대방을 이해하고 그의 처지, 욕망, 어려움을 깨달으면 진정으로 자기 자신을 좋아하고 자신의 상황에 감사해할 수 있다. 상대방이 되어 보아야 상대방을 좋아할 수 있다. 상대방을 위해 변론하고, 정면에서 공격하지 않고 사정을 세세히 살피면 상대방의 삶이 좀 더 편안해지고 자신의 삶 역시 마찬가지라는 걸 깨닫는다.

즉, 타인에 대한 상상력을 규칙적이고 세밀하게 발휘하는 것이 다른 모든 교육 활동보다 우선되어야 한다. 이런 교육을 상당한 규모로 시작하려면 많은 준비와 숙성 과정이 필요하겠지만 되도록 빨리 시작해야 효과가 크다. 소년들은 이런 재능을 발휘할 수 있는 기본 품성을 지니고 있으며, 어떤 소년이라도 이런 말을 할 것이다.

"내가 차를 망가뜨렸다는 사실을 오늘 아침에는 아버지에게 말하지 않을 거예요. 지금 아버지 기분이 좋아 보이지 않거든요. 밤이 올 때까지 기다릴 거예요. 오늘 골프 모임에서 좋은 점수를 얻고 기분 좋게 집에 돌아오실지도 모르니까요."

이 소년은 투박한 방식으로 진짜 상상력을 발휘하고 있다. 아버지의 입장에 서보는 것이다. 소년 안에서 재능이 발전하고 있다. 가끔 젊은이들이 – 아니 성인들을 포함해서 – 육체적으로 얼간이 짓을 하며 누군가를 웃기려 하는 모습을 볼 때, 나는 그들이 상상력을 키우는 데 시간을 투자했다면 더 나은 모습을 보여주지 않았을까 하는 생각을 하곤 한다.

그렇다면 이 재능을 어떻게 키울 수 있을까? 먼저 다른 사람에 대해 스스로 질문해봐야 한다. "그가 가장 원하는것은 무엇일까? 그의 약점은 무엇이고 장점은 무엇일까? 오늘은 왜 우울한 표정일까? 왜 밝은 빛이 날까? 걱정은 무엇일까? 나에 대해서는 어떻게 생각할까? 내가 무엇을 하면 그가 기뻐할까? 혹시 아픈 건 아닐까? 그를 괴롭히는 건 무엇일까? 지금 그는 무슨 생각을 할까? 그의 기분을 띄워주는 방법은 무얼까? 내가 그라면 어떤 기분일까?" 이런 생각을 하다 보면 근육이 성장하듯이 상상력 또한 커질 것이다. 반복해서 운동하지 않으면 근육이 다시 작아지듯이 상상력도 자꾸 발휘하지 않으면 사라질 것이다.

물론 모든 관계의 궁극적 목표가 이기적이라고 주장할 수도 있다. 그것을 부정하지는 않겠다. 그러나 무엇이 이기적이고 무엇이 이기적이지 않은지를 따지려 들면 길을 잃게 된다. 게다가 그 수수께끼는 학문의 영역이다. 실제 도움이 되는 것도 없다.

상상력을 발휘해서 다른 사람의 입장이 되어보는 건 목적이 무엇이든 그 결과의 유익성에 있어 논쟁의 여지가 없다. 어떤 상황에서든 두루두루 효과가 좋다. 갈등을 줄이고, 이해력이 높아지고, 마음이 넓어진다. 이는 모든 협상의 기본을 이룬다. 다른 어떤 장치보다 더 빨리 서로의 욕구를 실현하게 해준다. 가장 수준 높은 현명함이며 존재의 모든 측면을 밝힌다.

마음은 상대방으로부터 시작된다

인간관계를 관장하는 두 번째 주요 원칙은 첫 번째 원칙만큼이나 중요하며, 때로는 그 영향이 더 클 수 있다. 첫 번째 원칙은 상대방을 이해하라는 것이다. 두 번째 원칙은 상대방을 평가하지 않는 것이다. 어떠한 기준으로라도 상대방을 부정적으로 평가하지 마라. "모든 것을 이해하는 건 모든 것을 용서하는 것"이므로 이 두 번째 원칙은 첫 번째 원칙의 당연한 결과일 뿐이라고 말할 수도 있다. 그러나 그것은 아니다. 모든 것을 이해한다고 해서 모든 것을 용서하는 것이 아니다. 오히려 높은 이해력을 가진 사람일수록 타인의 행위에 대해 더 엄격한 판단을 내릴 수 있다.

어떤 사람들은 특별한 통찰력과 공정 의식을 바탕으로 상대방의 동기를 분석한 다음 사형집행인처럼 무자비하게 평가한다. 모든 것을 이해하는 것이 모든 것을 용서하는 결과로 이어진다고 인정하더라도 우리는 결코 모든 것을 이해하지도 못하고 모든 것이 이해될 수도 없기에, 그런 주장은 인간에게 거의 쓸모가 없다.

절대 아님을 명심하라! 상대방의 입장에서 생각하는 것이 훌륭한 유머 감각을 기르는 거대하고 복잡한 과업의 마지막 노력은 아니다. 할 수 있는 한 이해한 후에 도덕적 비난을 자제하라!

"합리적인 선에서 도덕적 찬사를 늘어놓을 수 있지만 메스꺼울 정도로 한도를 넘는 건 아무런 의미가 없다. 그러나 중요한 것은 상대방을 부정적으로 평가하지 않는 것이다"

평가하는 습관, 특히 부정적으로 평가하는 습관은 인간의 모든 행위 중에서도 가장 빈번하게 이뤄지면서도 우스꽝스럽다. 아마도 술보다 인기가 많고 허영심보다 더 우스꽝스러우며, 지금까지 발명된 어떤 독약보다도 해로울 것이다.

내가 누구를 판단할 수 있을까? 판결을 내리는 당신은 누구인가? 누가 우리를 재판정에 앉혔나? 무슨 증거를 확인했나? 아니 백 분의 일만큼이라도 들은 적이 있는가? 우리가 그렇게 검증할 능력이 있는가? 우리 모두 동등하게 피고인 자리에 앉아 있는 것 아닌가? 한 인간이 다른 인간을 판단하는 광경에는 무언가 비극적이면서 희극적인 측면이 있다. "비판받지 않으려거든 비판하지 말라"는 격언은 역사적이면서도 장엄하다. 게다가 나는 타인을 판단하지 않는 목적이 내가 판단받지 않으려는 것이 아니라 품위를 지키려는 것이라고 감히 주장하고 싶다. 남을 평가하는 것은 무례한 일이다. 법적인 표현을 빌리자면 '권한 남용ultra vires'이다. 최악의 상황은 상대방이 타고난 듯한 부정적인 특성과 왜곡된 양심에 대해 "그저 타고난 성향이 그렇다"며 그의 타락한 행위를 어떻게 하지도 못하는 상황일 것이다!

당신은 자신을 판단하는가? 대개는 그렇지 않다. 일부 그런 사람도 있다. 그들은 "밤중에 깨어나 자신의 죄 때문에 흐느끼"지만, 결코 명백하고 눈에 띄는 죄 때문은 아니다. 단지 순전히 상상 속의 죄나 작은 불경함 때문이다. 그들은 그다지 안타까운 존재가 아니다. 그들은 자신들이 인생을 자신의 방식대로 즐기고 있다는 사실을 알기 때문이다. 과하게 부풀어 오른 양심은 속된 말로 간이 부은 사람보다 더 우스꽝스럽다. 하지만 우리 대부분은 자신에게 부정적 판단을 내리지 않는다. 우리 앞에 불리한 평가를 내릴 만한 자료가 쌓여 있지만, 자세히 검토해보려는 마음조차 없다. 그리고 적극적으로 판단하려 나서지도 않는다. 우리는 언제나 방어적인 자세로 자신을 변호하는 데 천재적인 독창성을 보여준다. 그런 결과로 우리는 자기 자신과 매우 좋은 관계를 유지한다. 우리가 주변 사람들에게 같은 태도를 보인다면 역시 매우 좋은 관계를 유지하게 될 것이다. 이것이야말로 시급한 목표다.

물론 어떤 사람들은, 누군가는 판단할 수밖에 없고 결론은 피할 수 없다고 말하기도 한다. 그러나 이는 전혀 사실이 아니다. 의지를 다지고 노력하면 충분히 자제가 가능하다. 종종 우리는 어려운 상황 속에서도 자제력을 발휘할 수 있다. 그러나 실제로 모든 상황이 쉬운 것은 아니다. 우리가 전지전능한 수준에 이르렀을 때 비로소 타인에 대한 판단을 시작해도 그리 늦지 않을 것이다. 하지만 그러한 수준에 우리는 도달해 있지 않다. 아마도 최소한 나는 그렇지 않다고 말할 수 있다. 판단을 유예하고 절제하는 것은 계속해서 주의력을 발휘하면 충분히 실행할 수 있다. 이것 역시 다른 습관처럼(남을 판단하려는 습관처럼) 형성 가능한 행동 방식일 뿐이다.

이러한 접근 방식의 결과로 자만심이 눈에 띄게 줄어들고 관대해지며 전반적인 인생의 즐거움이 커질 것이다. 실제로 이는 자신을 다른 사람의 입장에 놓아보는 행위에 따른 탁월한 결과를 확인하고 더 강화하는 과정이다. 이것이 훌륭한 유머를 향한 두 번째 조언이다.

그러나 그렇다고 해서 내가 범죄자를 처벌하는 형법을 폐지하자고 주장하는 것은 아니다. 판사의 수가 지금보다 적고 교도소 시스템이 내부에 가둬놓은 범죄자들보다 덜 사악하다면 의심할 여지 없이 세상은 분명 더 나은 곳이 될 테지만, 현실이 그렇다 하더라도 형사법은 필요하다. 사회는 스스로를 지켜야 한다. 아무리 비효율적이고, 미숙하고, 사악한 시스템이더라도 범죄 행위의 반사회적 영향으로부터 스스로를 보호해야 한다.

그 첫 번째 임무는 사회 구성원을 결집하고 권위를 유지하는 것이다. 모든 사회는 그 구성원 중 가장 어리석은 대중의 지능 수준에 맞추어 통치되어야 한다. 그리고 반드시 규칙이 있어야 하고 가능한 한 예외는 없어야 한다. 이런 규칙들은 인간이 가진 감정보다 더 잔혹할 수밖에 없다. 그리고 인간에게 적용되는 행동 기준 중 일부는 사회에 적용할 수도 없고, 적용되어서도 안 된다. 사회는 판단해야 하고, 이를 위해 사회를 대신해 판단할 인간을 임명해야 하며, 그러한 인간은 법규를 위반한 행위의 근원 따위를 고려해서는 안 된다. 오직 사회 구조에 미치는 영향의 측면에서만 그런 위반 행위를 처리해야 한다. 그들은 비단 한 개인이 아니라 사회의 비인격적 대리인이다.

그리고 개인 역시 자신을 보호해야 한다. 개인의 의무는 자신의 것을 끝까지 지키는 것이다. 실제로 다른 쪽 뺨을 내어주라는 성서의 권고는 아직도 기독교 세계 내부에서조차 눈에 띄는 성공을 거두지 못했다. 나는 대주교부터 길거리의 구두닦이까지, 1천 명 중 999명이 개인 생활에서 이 권고를 일관되게 무시하고 있다고 자신 있게 말할 수 있다. 그리고 실제로 이 권고는 무정부 상태를 직접 선동하는 것이고 천국에서조차 유효하지 않을 것이다. 결코 어디에서나 작동하지 않을 것이다.

누군가가 타인의 안녕을 해치거나 해칠 수 있는 공격을 한다면, 그 공격을 받거나 받을 위험이 있는 사람은 자신의 이익을 보호하는 조처를 해야 한다. 그렇게 하지 못한다면 그는 바보이자 죄인이 될 것이다.

그러나 이 과정이 반드시 도덕적 판단으로 이어지는 것은 아니다. 방어하는 과정에서 부상자가 생기고 불쾌감을 줄 수 있지만, 그것은 방어자에게 우연이며 근본적인 의도가 아닐 수 있다. 만약 누군가가 폭력을 사용해 내 집에 난입하고 나가지 않는다면, 설령 그 행위를 판단하고 비난하지 않더라도, 필요하다면 부지깽이로 머리를 내려치는 등 방어적으로 행동할 것이 분명하다. 심지어 온전한 종교적 사랑의 정신 앞에서도 타인을 공격해야 하는 상황이 발생할 수 있고, 실제로도 발생한다. 유일하게 의미 있는 건 이러한 방어적 행위를 실행해 옮기는 정신이다. 그런 행위의 필요성이 생길 수 있지만, 이는 부정적 판단을 정당화하지 않으며 이러한 주장의 가치를 해치지 않는다. 동시에 탁월한 유머 감각을 유지하면서 이를 수행할 수 있어야 한다. 특히 자신이 다른 사람보다 더 높은 도덕적 판단력을 가졌다고 교만하게 여기는 사람들에게는 더더욱 그렇게 해야 한다.

자기 자신과의 관계를 만들어라

지금까지 다른 사람과의 관계와 관련한 두 가지 문제를 다루었다면, 이제부터는 자신에 관한 문제를 다루겠다.

매일 마주치는 행인들의 얼굴과 태도에 특별한 주의를 기울이는 사람은 거의 없다. 특히 대도시라면 더더욱 그럴 것이다. 간혹 특정한 얼굴이나 태도에 주목하겠지만, 우리는 대부분 그저 거대한 벽에 박힌 벽돌 하나처럼 대중 속 개인으로 당연하게 받아들일 것이다. 의식적으로 관찰하지 않고 그저 기계적으로 보면서 말이다. 해가 뜨고 지는 동안 일상에서 우리는 방대한 양의 인간 데이터를 접하면서도, 그로부터 일반적인 결론을 도출하지 못한다. 만약 우리가 일반적인 결론을 끌어냈다면 다른 무엇보다 분명하게 확정 지어야 할 진실이 하나 있다. 바로 모든 사람이 근본적으로 다른 모든 사람과 비슷하며, 이는 우리 자신에게도 동일하게 적용된다는 것이다. 그런 재치 정도는 있어야 한다.

이 결론은 우리 대부분이 인류에 지나치게 비판적이며, 걱정하는 데 너무 몰두하고 있다는 것을 보여준다. 출근길이나 퇴근길 열차에 탑승하는 거의 모든 정기 승차권 소지자들의 얼굴에는 걱정이 가득하다. 거리나 사무실, 식당에서 마주치는 이들, 또 시골길에서 마주치는 이들도 역시 마찬가지다. 걱정하는 습관은 틀림없이 그 흔적을 남기며 이는 누구나 알아볼 수 있다.

돈이 있는 사람들 대부분은 종류를 가리지 않고 약물을 사서 마구 복용한다. 상대적으로 무해한 약물도 있겠지만 어쨌든 약물이다. 거의 모든 남성과 여성의 사생활을 자세히 들여다보면, 아주 드문 경우를 제외하고는 약물을 발견할 수 있다. 정말로, 누구에게라도 약물에 관해 이야기하면 가장 좋아하는 약이 무엇인지가 화제로 떠오를 것이다. 인간 정신의 약점을 은밀하게 파악하고 있는 화학자들은 벌써 나라가 약물 복용자들로 가득하다는 것을 알고 있으며, 공개적인 의사의 처방 없이 약물을 복용하지 못하게 하면 그들 대부분이 사회생활을 하기 힘들어할 것이라는 사실 역시 알고 있다. 혼자서 약에 의지하는 행위는 아무런 도움이 되지 않는다. 의심할 여지 없이 득보다는 실이 더 크다.

지금 이 나라는 비슷한 방식으로 비밀스러운 걱정을 하는 사람들로 가득하다. 상식을 가진 정직한 사람 누구든 분주한 거리를 걷거나 출퇴근 열차를 타고 여행하면서 관찰해 보면, 이러한 일반적 결론에 도달할 것이다. 일부는 우리 대다수가 걱정할 만한 충분한 이유가 있다고 반론할 수도 있겠지만 나는 동의하지 않는다. 걱정이란, 마음을 고민거리에 지속적으로 머물게 하는 현상이라고 정의할 수 있다. 물론 누구나 고민을 가지고 있지만, 실제로 우리 대다수가 지속적으로 마음을 쏟아야 할 가치가 있는 문제들을 안고 있는지에 대해서는 의문이다.

나는 그렇지 않다고 생각한다. 비참하고 비극적인 삶도 드물지 않지만, 대부분의 앵글로색슨 공동체 사람들은 질서 있고 안전한 삶을 누리고 있다. 자신이 원하는 만큼의 재산을 가진 사람은 거의 없다. 종종 필요하다고 여겨지는 것보다 훨씬 적은 재산을 소유하고 있을 수도 있지만 대개는 어떻게든 살아갈 수 있는 수준이다. 자신이 가진 재산을 어떻게 사용할지 알면 삶의 만족도는 올라갈 것이다. 누군가는 더 나은 상황에 있을 수도 있고, 누군가는 더 어려운 상황에 있을 수도 있지만, 대체로 우리가 걱정했던 그런 불행은 발생하지 않는다.

우리 대부분이 결코 일어나지 않을 재앙을 걱정하며 살고 있다는 게 진실이다. 인간의 뇌가 오랜 역사 동안 보여준 비밀스러운 패턴을 돌아볼 때 누가 감히 그렇지 않다고 말할 수 있겠는가. 아무도 함부로 부정하지는 못할 것이다. 죽을 때가 돼서야, 책임의 의미를 처음 이해한 때부터 살아가는 내내 떨치지 못했던, 막연한 재앙에 대한 걱정에서 벗어날 수 있을 것이다. 여러 세대에 걸친 경험을 기준으로 보면 모든 걱정은 쓸데없다. 단순히 쓸데없다고 여기는 것을 넘어서 명확하게 나쁘고 해롭다고 인식해야 한다. 걱정은 행복의 뿌리를 파먹는 궤양과 같다. 만약 우리가 모든 쓸데없고 어리석고 유해한 걱정을 없앨 수 있다면 인류 공동체의 전반적인 삶은 향상될 것이고, 우리의 안색과 목소리는 밝아질 것이며 낙원을 기대할 수도 있을 것이다.

걱정과 근심으로 힘들다면 원인에 따라 이 고통의 종류를 구별해야 한다. 원인과 결과가 완전히 자신의 통제에서 벗어나 있다면 이 일을 걱정하는 것은 어리석다. 어차피 자신의 힘으로 어떻게든 끝낼 수 있는 일이 아니기 때문이다. 그저 인정하고 견뎌내며 즐거운 마음으로 최선을 다해야 한다. 이건 명백하다. 그런데도 사람들은, 심지어 어른들, 나이를 먹을 만큼 먹은 노인들, 명백히 제정신으로 보이는 사람들마저 이런 일들에 대해 걱정하느라 행복한 시간을 보내지 못한다.

반면에 문제가 자신의 행동이나 부작위로 인해 발생하고 그 결과가 어느 정도까지는 스스로 피할 수 있거나 개선할 수 있다면, 적당히 걱정하는 것은 잘못된 것이 아니다. 걱정이 부족한 것보다는 넉넉하게 걱정하는 편이 오히려 더 낫다. 그리고 절대 걱정하지 않는 사람이 있다는 것도 기억해야 한다. 그런 사람은 책임감이 아예 없거나 위험 감각이 결여되어 있기 때문이고, 미덕을 논하기 어려운 악인이다.

위에서 언급한 두 극단 사이에서도 무한히 다양한 종류의 문제가 발생할 수 있다. 가장 간단하고도 효과 있게 이를 구분하는 방법은 개선할 수 있고 피할 수 있는 요소가 적을수록 걱정할 이유 역시 작다는 폭넓은 원칙에 따르는 것이다. 숙고, 인식, 계획, 더 나쁜 상황이나 최악의 결과에 대한 준비 등은 어느 정도는 바람직하거나 필요할 수도 있지만 적절한 정도를 넘어서면 해롭다.

특정 질병에 다섯 알의 약이 효과가 있다고 했을 때, 많은 사람은 그럼 열 알은 두 배의 효과가 있을 것이라 생각한다. 당연히 이런 생각은 잘못된 것이며 마찬가지로 두 시간 동안 고민하는 것이 반드시 한 시간보다 두 배 더 유용할 것이라는 생각도 거짓이다. 한 시간이면 현명함을 얻기에 충분한 시간이다. 그리고 두 시간은 의미 없는 걱정으로 발전할 수 있는 충분한 시간이다.

현명함과 의미 없는 걱정을 어떻게 구분할 수 있을까? 그리 어려운 일이 아니다. 우리 모두가 겪어본 적이 있는, 한밤중에 걱정 때문에 잠에서 깨어난 경험을 생각해보자. 새벽이 오기 직전은 정말 불길한 시간이다. 생각이 돌고 또 돌고 있다. 마치 무거운 시계추가 진자 운동을 하는 것처럼 주기적으로 반복된다. 아무것도 반복되는 생각을 막을 수 없다. 바뀌지도 않는다. 두뇌 자체가 점점 더 피로해지면 걱정의 내용도 점점 더 암울해지고 마침내 우주적 종말이 생각의 모든 지평선을 차지하는 것처럼 느껴진다. 운이 좋다면 이쯤에서 잠들 수 있다. 그리고 밤새 자신을 괴롭혔던 괴물 같은 부조리가 반사된 아침 햇살에 깨어날 때, 균형감각과 종합적 사고를 하지 못했던 멍청함에 스스로 깜짝 놀라게 된다. 어찌 됐든, 같은 생각이 단조롭게 반복되고 또 반복되면 생각은 걱정으로 발전한다. 그리고 모든 걱정은, 언제 생겨나든, 한밤중의 광기와 같은 특성을 지닌다. 건전한 상식은 사라지고 균형 감각과 종합적 사고 없이 못된 생각에 빠져든다. 그런 결론에 따라 행동하는 것은 위험하다. 때로는 치명적 결과로 이어질 수도 있기 때문이다.

걱정은 마음의 나쁜 습관이다. 마음의 습관은 신체의 습관과 비슷하고 같은 형식으로 형성되고 파괴되기 때문에 이를 개선하는 것이 불가능하다고 여겨서는 안 된다. 좋은 습관은 훈련을 통해 형성할 수 있고 게으름과 방종으로 사라진다. 나쁜 습관은 방종으로 형성되고 규칙적인 규율을 통해 고칠 수 있다. 하지만 마음의 습관은 대개 육체적 습관보다 관리하기가 쉽지 않다. 이런 문제가 바로 걱정과 관련한 고충이다. 매일 계획한 시간에 육체를 단련하는 것과 정신적으로 동일한 훈련을 하는 것은 다른 문제다.

마음은 육체를 제한된 권력으로 지배하는 군주와 같다. 그렇다면 더 제한된 권력이라 하더라도 마음을 지배하는 힘은 무엇일까? 마음이 자아인가, 아니면 단지 자아의 하인일 뿐인가? 단지 하인일 뿐이라면 매우 신뢰할 수 없고, 변덕스럽고, 무능하고, 순종하지 않는 하인이다. 이 시점에서 사람은 심리적 추측의 수렁에 빠질 위험이 높다. 이는 지적 놀이에 관심이 있는 사람들을 즐겁게 할 수는 있지만 우리가 원하는 답을 향해 나아가는 것은 어렵게 만든다. 우리는 그런 수렁을 조심스럽게 멀리하는 것이 좋다. 그리고 나, 즉 자아가 그 정체가 무엇이든지 간에 일상적 행위의 차원에서 마음을 어느 정도 통제할 수 있다는 도그마를 주장할 뿐이다. 그리고 통제의 필요성이 높아지면, 통제력 역시 증가할 것이다.

게으른 청소년은 시험이 임박할 때까지 여러 달 동안 시간을 낭비하곤 한다. 그는 그 기간 동안 전심전력을 기울였어야 했다. 하지만 마지막 달에 이르러, 이 청소년은 필사적으로 자신의 마음을 꾸짖고 다스리며 가장 싫어하는 주제에 오랫동안 집중하려고 필사적으로 노력한다. 요점은 그가 집중하기 위해 자신의 마음을 강제한다는 것이다. 성인이 된 남자가 사랑에 빠져 일을 게을리하다가 심각한 손실을 입는 경우도 있다. 결국, 겁에 질린 그는 자신의 마음에서 사랑하는 이의 이미지를 지우고, 그녀에게 했던 것처럼 다시 일에 몰두하기 시작한다. 마치 모래 속에서 설탕 알갱이를 골라내는 것처럼 힘든 일이지만, 결국 그는 어떻게든 극복해낸다.

　이는 아마도 자기 암시의 극단적 형태일 것이다. 자기 암시를 어떻게 정의해야 하는지는 별로 신경 쓰고 싶지 않다. 만약 무언가를 의미한다면 그것은 자신에게 무언가를 제안한다는 의미여야 한다. 그러나 나는 사람이 어떻게 자신에게 무언가를 제안할 수 있는지 잘 모르겠다. 제안하는 사항이 머릿속에 있어야 자신에게 제안할 수 있을 것이고, 만약 이미 머릿속에서 파악하고 있다면 이미 제안은 완료된 것이다. 어쨌든 '나'는 특정 행위를 정신이라는 장치에 제안할 수 있으며, 만약 자기 암시가 실제로 어떤 의미를 가진다면, 그것은 '나'에서 정신적 메커니즘으로 이어지는 제안을 포함해야 한다.

낸시 스쿨(1866년 프랑스 낭시에서 시작된 최면 중심 심리치료 학교-옮긴이)은 자기 암시와 타인 암시 모두에서 실질적인 진전을 이루었다고 발표했다. 그들은 암시를 통해 정맥류와 같은 질병을 치료했다고 주장한다. 무뚝뚝하고 배타적인 영국인으로서 나는 이 이야기를 믿지 않는다. 나는 낸시학교가 스스로를 기만하고 있다고 생각한다. 말하자면 경미한 신경성 두통의 일시적 증상 정도는(원인까지는 아니지만) 자기 암시에 의해 일시적으로 또는 영구적으로 치유할 수 있다고 믿는다. 내가 직접 해보았기 때문이다. 또한 그런 방식으로 수면을 유도할 수도 있다고 믿는다. 그러나 거기까지다. 최면술은 의심할 여지 없이 위험한 시도이며, 만약 자기 암시가 어느 정도 선까지는 위험하지 않다는 것만 확인되더라도 나는 놀라운 소식으로 받아들일 것이다.

하지만 내 생각에 낸시학파에서 주장하는 자기 암시와 관련된 정신적 실천 수단에서 우리 모두가 유리하게 받아들일 수 있는 두 가지 세부사항이 있다. 먼저 마음을 괴롭히지 말고 설득하라는 것이다. 자신에게 이렇게 말하지 마라. "이걸 해야 해. 아니면 목을 꺾어버릴 거야." 이런 말 대신 설득력 있는 어조로 이렇게 말해라. "이걸 할 거야. 그럴 수 있을 거라 믿어. 분명히 할 수 있다고 나는 확신해." 나는 오랜 시간 동안 마음에 압박을 가하는 방식을 지지해왔지만, 낸시스쿨의 주장을 듣고부터는 압박 방식에 반대하는 입장을 취하기로 했다.

두 번째는 마음을 한 지점에 고정시키는 기계적 과정과 관련이 있다. 마음은 율리시스보다 더 위대한 방랑자이다. 처음 놓은 곳에 머물지 않는다. 이미 조물주는 마음이 원래 있던 장소가 아닌 곳에, 놓여져서는 안 될 곳에 머무는 것을 좋아한다는 사실을 알고 있다. 낸시스쿨의 새로운 방법은 암시적인 문구를 낮고 설득력 있는 어조로 빠르게 반복해서 중얼거리는 것이다. 마음이 방황할 틈을 주지 않는 방식으로, 확실히 좋은 방어책이다.

따라서 만약 X라는 사건이 걱정된다면 최대한의 속도로 친절하고 매혹적이며 화해를 원하면서도 절대적으로 확신하는 목소리로 반복해야 한다. "너는 X에 대해 전혀 생각하지 않을 거야. 그렇지, 너는 분명 생각하지 않을 거야." 이 방법이 정직한 것이며, 정기적으로 사용했을 때 '효과가 있을 것'이고, 궁극적으로 걱정을 완벽하게 치유할 거라는 사실을 앞으로 증명해야 한다.

물론 어떤 이들은 낸시스쿨 관련 이야기를 서커스 비슷한 분야로 치부해버릴지도 모른다. 나는 그들이 틀렸다고 보는 건 아니지만 그렇다고 전적으로 올바른 접근을 하는 건 전혀 아닌 듯하다. 반면 어떤 이들은 건강염려증 환자가 새로운 특허를 받은 신약을 찾듯이 낸시스쿨 이론에 집착할 것이다. 나는 이 두 진영 모두 낸시스쿨보다 수천 년 더 오래된 두 가지 명확한 격언의 지혜를 반추해볼 것을 권한다. 첫 번째는 마음이 어떤 종류의 활동에 빠지는 것을 원하지 않는다면 마음에게 다른 일을 하도록 시키는 것이다. 마음은 두 가지 일을 동시에 하지 않는다. 걱정이 시작될 때 단순히 걱정하지 않으려고 노력하지 마라. 대신 마음에 명확한 긍정적 임무를 부여해라. 두 번째는 어떤 불이익이 있더라도 자신의 마음에 부담을 주는 내용을 친구에게 털어놓으라는 것이다. 완벽하게 자신의 마음속에만 억누르는 것은 걱정과 관련하여 할 수 있는 가장 좋지 않은 행위다.

정신적 체조가 어떤 식으로 이루어지든, 우리는 걱정하는 습관을 확실히 깨트리거나 크게 수정할 수 있다. 그리고 습관을 중단하거나 개선하면 진정한 행복과 열정을 얻게 될 것이다. 이것이 훌륭한 유머를 위한 세 번째 조언이다.

3장

성공을 위해 반드시 필요한 과정

교육은 최고의 인생을 위한 토대다

교육의 목적은 우리가 완전한 삶을 살 수 있도록 준비하는 것이다. 이는 허버트 스펜서Herbert Spencer(빅토리아 시대에 활약한 영국 사회학의 창시자-옮긴이)의 말로, 나는 몇 명 안 남은 그의 추종자 중 한 사람으로서 이에 전적으로 동의한다. 그러나 스펜서 자신조차도 '완전한 삶'이 무엇인지 과연 알고 있었는지는 의심스럽다. 그가 자신의 주장만큼 고통을 겪었다고 하더라도, 그의 존재만으로는 자신의 이론이 가치 있다는 것을 만족스럽게 설명하지 못한다. 그럼에도 불구하고 스펜서의 교육 이론은 거의 70년이 지난 지금도 여전히 강력하게 생존해 있다. 나는 인생을 자기가 주장하는 이론 그대로 살아갈 수 있다고 자신하는, 특히 젊고 오만한 이들에게 경고하기 위해 그의 사례를 언급한 것뿐이다. 실제로 자신의 교육에 만족하는 사람들이 완전하게든 불완전하게든 살아가는 방법을 모르는 경우가 너무 많다.

어쨌든 이 세상에 존재하는 우리 모두는 몸과 마음의 메커니즘을 통해 각자가 우주의 중심이 되어 일정 시간을 살아가게 되어 있다. 그리고 완전한 삶이라는 과업은 이러한 이상한 모험에서 우리가 할 수 있는 최고의 노력으로 최대한을 이끌어내는 문제다. 세상에 던지고 싶은 질문이 있다. 우리 교육의 커리큘럼은 무엇이어야 할까? 물론 이 질문에 답하는 것은 결코 간단하지 않다. 답변하기 위해 우리가 할 수 있는 최선의 방법은 완전한 삶을 위해 필수적인 지식과 규범들을 구체적으로 나열하는 것이다.

예를 들어 앞서 말한 몸과 마음의 메커니즘이 있다. 이는 지상의 과업을 위한 우리의 도구이자 기계, 장비다. 다른 건 없다. 우리 몸이 효율적으로 작동하지 않으면 정신 역시 효율적으로 작동할 수 없으며(아마도 그 반대 역시 마찬가지일 것이다), 완전한 삶도 단번에 망가진다. 백만 명의 인간 시스템 중 단 한 명도 제대로 작동하지 못할 것이다. 인간이라는 기계는 지속적인 관심이 필요하며, 이해가 선행하지 않으면 제대로 돌볼 수 없다. 그러므로 인간 생리학(우리 몸과 그 기능에 관한 과학)과 심리학(우리 마음과 그 기능에 관한 과학)에 대한 어느 정도의 지식은 완전한 삶을 위한 필수적 예비 지식이며, 교육을 위한 분야 중 이보다 더 중요한 건 없다.

자신이라는 유기체 작동 구조에 대한 명확한 지식과 이해가 없다면, 아름다운 차를 선물 받고도 엔진이나 작동 레버, 기타 외부 장치가 실제로 무슨 기능을 하는지 확인하지 않고 드라이브를 나가는 사람과 같다. 아니 훨씬 더 상황이 좋지 않다고 말할 수 있다. 안전거리를 대폭 벌려서 충돌을 피할 수도 있겠지만 아름다운 차를 최대한 활용하지 못할 것이고, 결국 차를 손상시킬 것이고, 나아가 차를 고장 낼 것이다. 다시 한번 강조하지만 이 모든 것은 명백한 사실이다. 이미 이를 잘 알고 있는 사람들이 있다면, 이러한 설명을 구구절절 늘어놓는 점에 대해 사과한다.

우리 중 그 누가 자신의 간 위에 손을 얹고 "내 간이 정확하게 이곳에 있어"라고 확신하며 말할 수 있을까? 간은 인간의 몸에서 가장 큰 기관이다. 대다수 사람은 위가 아프기 전까지는 위가 어디 있는지도 모른다. 게다가 폐에 대해서는 숨을 쉴 때 신선한 공기로 부풀어 오르는 일종의 쌍둥이 주머니라고 생각한다. 우리는 정신적 피로가 실제로 신체적 독을 분비한다는 사실, 피부 자체가 매우 중요한 배설기관이라는 사실, 하품이 주로 공기 공급에 결함이 발생했다는 신호라는 사실을 들려주는 대로 의심 없이 받아들인다. 우리는 이렇게 위험한 무지 상태에서 존재한다. 이런 무지 상태를 모르는 것도 아니며 심지어 선호한다. 일련의 학문을 통해 이를 치료한다는 개념을 혐오스럽고 심지어 충격적으로 받아들인다. 우리 몸의 내부 구조에 관한 세세한 정보가 완전하지 않으며 중요하지도 않다고 여긴다.

이런 무지는 사회의 모든 지적 계층에 만연해 있다. 특히 교육 관료들 사이에 눈에 띄게 만연해 있는데, 이들은 많은 수의 젊은 학생들에게 상식과 예절에 어긋나는 생활 규칙을 습관적으로 처방한다. 한마디로 세계의 거리는 자신들이 무슨 이상한 일을 하는지 전혀 모르기 때문에 어디로 가야 할지 역시 모르는, 우스꽝스럽고 비극적인 자동차 운전자들로 가득하다.

다시 말하지만, 우리가 자신이 누구인지 시간과 공간에서 우리의 위치가 어떠한지 모른다면, 완전한 삶을 영위할 것이라는 기대는 비합리적이다. 우리는 우리가 매달려 있는, 거대한 우주 속에서 소용돌이치는 지구에 대해서도 어느 정도 일반적인 지식을 갖고 있어야 한다. 결국 지구는 그다지 크지 않으며 매년 우주에 관한 탐구 여행이 계속될수록 더 작아질 것이다! 태양은 지구보다 엄청나게 크며, 우리의 행성이 궤도를 돌고 있는 공간보다도 더 큰 별들이 우주에 존재한다. 그리고 그 별 옆에는 훨씬 더 많은 다른 별들이 있다. 따라서 우리는 지구를 연구 대상으로서 두려워할 필요가 없으며, 우주의 지리와 역사에 대한 기본적인 지식을 어느 정도 갖고 있어야 한다. 이 둘은 서로 연결되어 있으며 분리할 수 없다. 그리고 지리와 역사가 주는 요점은 우리가 어디에 서 있는지를 이해하는 데 도움을 준다.

우리는 지리를 통해 환경의 중요성을 배우고, 역사를 통해 모든 행위에는 결과가 따르며 그 결과를 피할 수 없다는, 화가 나지만 유용한 진실을 배울 것이다. 또한 사회는 끊임없이 움직이며, 어떤 실체에서 다른 실체로 진화하고 있다. 최종적이거나 절대적인 것은 없다. 목표는 없지만 일련의 과정은 있다. 모든 것은 유동적이거나 변화하는 상태에 있다. 그리고 이것이 바로 삶의 본질이자 의미이다! 이런 지식은 과학의 주요 원리에 대한 연구를 통해 강화될 것이다. 지리와 역사를 일부 과학과 결합하면서, 그리고 다른 어떤 방법으로도 자연법칙을 피할 수 없다는 온전하고 의식적인 확신을 통해 우리는 강화된 최고의 진화 개념을 갖게 될 것이다. 이런 최상의 개념을 깨닫지 못하고, 이런 지식에 의한 확신이 없다면 완전한 삶이란 감상적인 꿈에 그칠 뿐이다. 왜냐하면 목표, 행동, 삶의 가치에 대한 건전한 판단을 내리기 위한 일반적인 자료가 부족하기 때문이다.

셋째, 교육을 통해 생계를 유지할 수 있는 방식으로 능력을 개발하지 않으면 완전한 삶을 이룰 수 없다. 결국 가장 중요한 것은 살아남아 즐겁게 그 위업을 수행하는 것이다. 우리가 빵과 버터를 다른 사람에게 의존해야 하거나, 불쾌한 방식으로만 빵과 버터를 얻을 수 있다면, 완전한 삶을 위해 우리 자신을 교육하는 게 무슨 소용과 의미가 있겠는가! 무엇보다도 생활은 생계에 관한 과제이고 또 그래야만 한다. 그리고 다른 모든 것을 할 수 있어도, 자신의 노력으로 스스로를 지키지 못하는 사람보다 더 어리석은 인간 표본은 없을 것이다.

더욱이 모든 인간은 시민이며, 따라서 종합적인 교육 계획은 시민의 권리와 의무를 이해하는 데 초점을 맞춰야 한다. 국가의 복지는 모든 시민이 자신의 권리를 슬기롭게 행사하고 의무를 충실히 수행하는 데 달려 있다. 모든 시민은 국가와 지방 정부에 관한 핵심 사항을 알아야 하며, 최고위층부터 최하위층에 이르기까지 어떤 통치 기구들이 어떤 어려움을 겪고 있는지 알아야 한다. 그리고 누구의 지배를 받고 있는지도 알아야 한다.

교육의 원리와 실천에 대한 깊은 이해 없이는 그 누구도 완전한 삶을 영위한다고 확신할 수 없다. 개인의 개별 교육에는 교육 전반에 대한 이해가 포함되어야 한다. 자신의 사례를 다룰 때, 왜 개인이 일반 원칙에 대해 고민해야 할까?

개인이 일반 원칙에 대해 고민해야 하는 이유는 모든 사람에게 부모가 될 가능성이 있기 때문이다. 허버트 스펜서는 모든 개인이 공정한 자녀 교육에 대한 이해를 가져야 한다고 주장했다. 대다수 부모는 자녀를 갖는 것이 깊은 본능적 만족과 큰 기쁨을 줄 수 있지만, 동시에 끔찍할 정도로 무거운 책임감과 갈등, 걱정의 원인이 되며 때로는 큰 실망의 원인이라는 데 동의한다. 부모 역할의 어두운 면이 사라지는 것은 아니지만, 자신이 해야 할 일이 무엇인지, 교육은 어떤 것인지 조금 더 잘 안다면 그 어려움은 완화될 것이다.

실제로 많은 부모가 자신이 무엇을 하는지 전혀 모른 채 자녀 양육이라는 엄청나게 어려운 일을 시작하는 경우가 너무나 많다. 그 결과 그들은 실수를 하고, 좌절을 경험하고, 불행한 아이들은 고통을 겪는다. 이는 완전한 삶에 대한 희망을 앗아간다. 사람은 실제로 부모가 되기 전까지는 완전하게 살 수도 있지만, 부모가 되면서 자신이 무엇을 준비했는지 완전히 잊어버린 채 복잡한 문제에 직면하게 되고, 성공에서 실패로 전락한다. 충분한 준비 없이는 다음 세대를 키우는 엄청난 임무를 이해하지 못하게 된다. 스무 살의 젊은이는 다음 세대를 생산하는 엄청난 일에 무엇이 관련되어 있는지 생각하지 못한다. 그리고 누군가 그에게 아버지가 되기 위해 단단히 준비를 해야 한다고 조언하면 높은 확률로 잘난 체하지 말라며 비웃을 것이다. 그러다 부모가 된 뒤에는 무언가 잘못됐다는 걸 깨달을 것이고, 이미 부모가 된 뒤에는 부모가 되기 위한 훈련을 시작하기에 늦은 것이다.

마지막으로 옳고 그름에 대한 명확한 표준을 획득할 때까지 어느 누구도 완전한 삶을 살고 있다고 주장할 수 없다. 따라서 건전한 교육 계획에는 도덕 과목이 있어야 한다. 꼰대 같은 소리 집어치우라고 누군가는 말할 것이다! 글쎄, 내게 도덕군자인 척하지 말라고 할 수도 있지만, 그렇더라도 나는 살아가는 데 필요한 모든 것을, 심지어 필수적인 부분조차 모두 다루지 못했다는 점을 인정한다. 예를 들어, 사회적 처신에 관해서는 아무 말도 하지 않았다. 또한 휴식을 위해 여가 시간을 활용하는 문제에 관해서도(단순히 잘 쉴 수 있기를 바라는 것만으로는 만족스럽게 즐기거나, 온전히 기분 전환을 할 수 없으며, 실제로 많은 경우에 그러지 못한다) 다루지 않았다. 성실히 살아가는 사람들은 바로 이 점에 있어서 삶의 완전성이 부족하다. 사회적 처신과 여가 활용 문제는 삶의 질을 향상시키는 데 필수적인 주제다.

나는 지금까지 '남자'라는 단어를 많이 사용했다. 그러나 이 단어는 여성도 포함하는 일반적 의미로 받아들여야 하며, 내 주장은 남녀 모두에게 공평하게 적용된다. 남녀 모두에게 내가 이곳에서 언급하는 모든 내용을 포함한 교육이 반드시 이루어져야 한다. 예를 들어 앞으로 자신이 살아가야 하는 사회의 구조, 사회가 발전하는 방식, 즉 과거 상태에서 미래 상태로 발전하는 방식, 그리고 그에 따라 기능하고 작동하는 메커니즘을 여성들이 배우지 말아야 할 어떠한 이유도 없다. 또한 여성들은 이런 지식이 없다면 온전히 살아갈 수 없다. 여성들이 지식을 얻는 것이 헌법적으로 금지되어 있지도 않으며, 그러한 지식을 얻는 것이 여성들의 매력, 정서, 좋은 피부색, 기분 좋은 옷차림, 운명을 선택할 권리와 양립할 수 없다고 생각하지도 않는다. 그리고 특히 자녀들에게 가장 중요한 시기에 남성보다 더 많은 시간을 함께하는 여성이 교육의 일반 원리에 대한 배움을 소홀히 하면 안 된다고 생각한다.

여성의 생계와 관련해서 이야기하자면, 신체적으로 또는 정신적으로 능력이 있는 모든 성인은 남녀를 불문하고 사회 속 자신의 위치에 맞는 일을 하면서 비용을 지불해야 한다. 물론 어떤 노동은 돈으로 보상받지 못할 수도 있지만, 언제나 돈으로 가치를 매길 수 있는 다른 무언가로 보상받게 될 것이다. 대다수 여성의 주요 활동은 가사일이며 앞으로도 그럴 것이다. 불행히도, 많은 여성이 가사 능력을 제대로 배우거나 향상시키려는 노력 없이 서투른 기술로 집안

일을 수행하게 된다. 이들 중 많은 이가 다른 비전문가들로부터 미숙한 기술을 습득하며, 이로 인해 가정 내 다른 구성원들과의 갈등과 비효율이 발생해, 진정한 삶의 질을 누리지 못하게 된다. 완전한 삶은 작은 사고에도 쉽게 흔들리는 매우 민감한 것이다.

여성들에 대한 이러한 판단과 태도에 많은 사람이 분노하고, 이는 때로 폭력적인 반응을 초래할 수 있다. 그러나 지구상에서 바뀌지 않고 가차없이 진행되는 진화의 과정보다 더 격렬한 분노를 불러일으키는 것은 없다. 훌륭하고 선의를 가진, 아주 좋은 사람들조차 이에 대해 온갖 욕설을 퍼붓는다. 하지만 이 모든 것은 그저 조용히 진행된다. 그리고 진화는 의심할 여지 없이 내가 지적한 방향으로 진행된다.

진정한 교육은 스스로 깨우치는 것이다

건전한 필수 교육 과정을 설명하면 남성들도 놀랄 수 있다. 정말 그럴 수 있다. 나도 불안을 느끼니 말이다. 우리는 오늘날 교육의 유행에 너무 익숙해져 있고 또 거기에 너무 집착하기 때문에 무엇이든지 이를 방해하는 것에는 화를 내게 되어 있다. 교육이 향상된 것은 맞다. 이제 우리는 더 이상 통치자가 그리스어와 라틴어를 배워야 한다고 생각하는 시대에 살고 있지 않다. 여성에게 프랑스어로 말하고, 노래하고, 춤을 추고, 꽃 자수를 놓는 것을 당연하게 요구하던 시대에 살고 있지도 않다. 그러나 그런 시대가 그렇게 오래전인 것도 아니다. 오늘날에도 샬럿 브론테와 에밀리 브론테를 구분하지 못하는 사람들에게 다음과 같이 함부로 말하는 남자들이 있다. "그 사람은 교육을 받지 못했다." 또한 신체가 물을 통과할 때 물의 저항이 신체 속도의 제곱에 비례하여 변한다는 사실을 모르는 사람에 대해 경솔하게 언급하는 이들도 있다. "그 사람은 교육을 받지 못했다." 마찬가지로 러시아 발레단을 본 적이 없거나 참정권 운동의 역사를 모르는 여성에 대해 함부로 말하는 여성들도 있다. "미천한 것! 이 사람은 끔찍할 정도로 무지하다."

우리의 교육관에는 비례 감각이 부족하다. 유행하는 특정 지식 일부분이 없다는 사실에는 경악하고 경멸하면서도, 가장 중요한 지식 체계가 없다는 사실은 평온하게 받아들인다. 이러한 상황은 어떤 커리큘럼도 적절한 테스트를 거치지 않기 때문에 발생한다. 실상 우리는 교육의 목적이 무엇인지 자문하는 법을 잊어버렸기 때문에 적절한 테스트를 하지 못한다. 기껏해야 우리는 주어진 커리큘럼에서 부적합한 부분을 포착해 맹렬한 기세로 그것을 삭제하거나 누락된 세부 사항을 추가해 완벽해졌다고 착각할 뿐이다.

즉, 접근 방식이 잘못됐다. 우리는 목적이 무엇인지 확인하지 않고 수단부터 끝까지 검토한다. 만약 우리가 먼저 목적을 정의하고 명확하게 구체화했다면 수단에 대해 판단하는 데 더 나은 능력을 발휘했을 것이다. 나는 잘 알려진 교육 기관들이 제공하는 교육 과정이 완전한 삶을 살아가는 것을 목표로 설정하고 있지 않다고 생각한다. 유서 깊은 대학과 같은 권위 있는 기관에서는 이러한 커리큘럼을 구현하는 것이 사실상 불가능하다. 왜냐하면 이러한 기관들은 오랜 전통에 따라 운영되고, 그것이 바람직한 것으로 여겨지며, 매우 느린 과정을 거쳐서만 수정될 수 있기 때문이다. 그럼에도 불구하고 변화가 이루어지고 있다는 사실 자체가 중요한 의미를 지닌다.

그리고 성급한 사람들이 기존의 교육 과정에 대해 깊이 고민하지 않고 단지 전면적으로 비판만 하는 태도는 경고를 받아야 한다. 많은 젊은이들이 특정 주제들은 인생을 살아가는 데 전혀 필요하지 않다고 주장할 수 있다. 그럴 수도 있고 아닐 수도 있지만, 무엇이 정말로 옳은지는 확신하기 어렵다. 대단히 현명하다고 뻐기는 어른들이 가벼운 경멸을 담아 전혀 쓸모 없다고 주장하는 과목들을 그래도 공부하겠다고 주장하는 고집 센 어떤 학생들이 없었다면 화장실, 교량, 비행 기계, 디프테리아 치료제, 살균 수술 관련 지식은 남아 있지 않았을 것이다. 기존 교육에 대한 나의 불만은 커리큘럼이 무익한 것으로 가득 차 있다는 것이 아니라(실제로 그렇지 않다), 균형이 갖춰져 있지 않고 필수 사항을 무시한다는 데 있다. 20세 이상의 젊은 남녀가 교육 과학의 원칙을 의무적으로 배우도록 하는 교육 기관이 이 섬(영국)

에 단 한 곳이라도 있는지 궁금하다. 이것은 마치 교육 전문가 중 단 한 명이라도 젊은 남녀 교육의 핵심 목표 중 하나가 잘 교육받은 부모가 되어 자녀에게 좋은 교육을 제공하는 것임을 기억하고 있는지 궁금해하는 것과 같다.

독학은 최고의 교육법이다. 실제로 모든 교육은 점점 더 자기 스스로 공부하는 방식을 지향한다. 아이는 일종의 압력 아래에서 지식을 강요받는 대신 알아서 지식을 찾아가도록 격려받는다. 암기 중심의 학습 방식은 점차 사라지고 있다. 대신 일반 원칙과 자연의 법칙이 학습의 규칙을 대체하며, 간단히 말해 학교는 예전과는 매우 다른 방향으로 변화하고 있다. 그러나 최고의 학교조차도 공통된 한 가지 특성을 지니는데, 바로 학생들이 자신의 삶의 주인공으로서 주체성을 발휘하지 못하도록 제한한다는 점이다. 진정한 교육은 학교를 벗어난 이후에 시작되거나 시작되어야 한다. 따라서 학창 시절을 낭비했다고 생각하는 진지한 젊은이들은 과거를 탓하거나 아쉬워할 필요가 없다. 교육을 제대로 받지 못했다고 주장하는 사람들 중 99퍼센트는 실제로 그러한 이유를 깊이 고민할 필요가 없다는 것을 증명한다.

학교를 떠나는 학생은 두 부류다. 하나는 대학에 진학하는 아주 소수의 집단이고 다른 하나는 곧바로 현실 세계로 진출하는 다수의 집단이다. 먼저 소수 집단을 이야기해보

자. 예전에는 이 소규모 집단 중에서도 극소수만이 자신의 교육에 진정한 관심이 있었다. 나머지는 가능한 한 적게 배우고, 가능한 한 큰 성과를 거두겠다는 다짐으로 대학에 다녔다. 그런데 이제는 바뀌었다. 심지어 까마득한 옛날부터 존재했던 매우 보수적인 대학에서도 마찬가지다. 대부분 학부생들은 뼈를 입에 문 개처럼 열성적이다. 그리고 흥미로운 사실은 그들이 열성적일수록 대학에 관한 욕설을 퍼붓고, 대학의 문제점들을 성토한다는 것이다. 그리고 교육 당국은 교육을 어렵거나 불가능하게 만드는 데 특별한 독창적인 능력을 보여준다. 이런 태도는 용서할 수는 있지만(그 진지함 때문에), 터무니없고 이기적이다.

진지한 학부생들은 대학이 자신의 독특한 상황과 필요를 맞춤형으로 충족시켜야 한다고 생각하는 것 같다. 그러나 현재 대학들은 이러한 관점을 충분히 고려하고 있지 않으며, 진지한 학부생의 중요성은 마을 전체만큼이나 크지만, 그럼에도 대학이라는 테두리 안에서는 강가에 세워진 마을과 같은 존재일 뿐이다. 강은 마을이 생기기 수세기 전부터 그곳에서 흐르고 있었고, 마을이 사라진 후에도 수세기 동안 그곳에서 흘러갈 것이다. 마을은 강의 생애에서 바라보면 일시적 사건이다. 즉, 학부생 개인은 대학의 삶에서 일시적 사건일 뿐이다. 대학은 평균적인 학부생의 필요를 충족시키려 하고 또 그래야만 한다. 그렇지만 평균적인 학부생의 필요라는 건 실제 존재하지 않는다. 따라서 모든 학부생은 대학에서 자신만의 방식으로 더 많게든 적게든 필요한 것을 스스로 찾아야 하며, 대개는 더 많이 찾아내야 한다.

어려운 상황에 처한 학생일수록 더 많은 적응력을 발휘해야 한다. 그러나 가장 독특하고 특이하며 목표 지향적인 의지를 가진 학생이라 할지라도 겸손한 자세로 임한다면, 대학 어딘가에서 자신의 교육 목적에 부합하는 자료를 찾을 수 있다. 그럼에도 불구하고 규정된 학습 과정에 대해 불평만 한다면, 그 학생을 그냥 내버려둬라! 그는 대학을 유용하게 활용할 만큼 영리해야 한다. 대학 환경이 불완전하다고 소리치더라도 방치해라! 최고의 성취는 종종 가장 원초적인 과정을 통해 이루어졌다.

학장, 교수, 조교를 비판하는 그를 놓아두어라. 그는 자신만의 학장, 교수, 조교를 가지고 있다. 절대 대학이 그를 교육하지는 않을 것이다. 대학은 단지 그가 스스로를 교육할 수 있는 장을 제공할 뿐이다. 그곳에서 그는 자신이 선택한 대로 방대한 설비와 자료를 자유롭게 활용할 수 있을 것이다. 대학이 허용하지 않는 특정의 것들이 있지만, 그는 본질적으로 자유롭고 그것이 대학의 가장 큰 장점 중 하나다. 대학이 진정으로 무언가를 가르친다면, 그것은 학생 스스로 자신을 관리하는 방법이어야 하고, 인생을 바보처럼 살아가려 해도 그럴 수 없도록 작은 방패막을 마련해주는 것이어야 한다. 이것이 바로 대학의 매우 중요한 덕목이다.

내가 무차별적으로 대학을 높이 평가하는 것은 아니다. 그런 것과는 거리가 멀다! 대학은 그 대학을 다니는 학부생보다 더 완벽하지도, 그렇다고 그 이하인 것도 아니다. 사실 대학은 정말 결함이 많다. 그리고 보수적인 부모들이 자신의 자녀가 대학에서 동료들을 만나고 공동체 생활을 하며 거래 기술을 익히고, 자립심을 키우기 때문에 대학의 교육적 결함이 별로 중요하지 않다고 말하는 것도 문제다. 대학에 교육적 결함이 없다 하더라도 청년들은 여전히 동료들을 만나 공동체 생활을 하며 자립심을 키우는 등의 일을 할 것이다. 그러나 한편으로 학부생들은 자신만의 특별한 사정을 진지하게 이야기하거나 듣는 것을 싫어한다. 대학 교육은 쟁반 위의 케이크처럼 완벽하게 이루어질 수 없다. 싸워야 하고, 흥미를 불러일으키고, 음모를 꾸미고, 거짓말을 해야 하며, 필요할 때는 훔칠 줄도 알아야 하는 대상이다. 그렇지 않다면 그건 교육이 아닐 것이다.

배움은 결코 끝이 없다

이제 학교를 떠나 대학에 진학하지 않는 엄청나게 많은 학생들의 집단에 대해 이야기하겠다. 이들 중 많은 이가 교과서를 처분하고, 받았던 교육에 감사하며 남은 인생을 보낼 것이다. 그러나 또 많은 이는 학교가 방대한 지식의 문턱에 불과하다는 것을 깨닫고, 더 깊은 지식을 향해 나아가기로 결심할 것이다. 이들은 저녁 강좌에 참여하거나 개인적으로 공부하거나 또는 그 둘을 병행할 것이다. 시간이 부족하다는 단점이 있음에도, 이 경로를 선택함으로써 얻는 자유와 그로 인한 긍정적인 효과는 상당하다. 그들은 세상을 이해하고, 공감하고, 배움을 즐기고, 자아를 실현하며 자신만의 생각대로 살아갈 수 있다. 그들은 완전한 선택의 자유를 누리고, 실수에서 배우며, 자신만의 방식으로 이를 바로 잡을 자유를 가진다. 이들은 진정으로 스스로를 교육하는 일에 매진하고 있다고 말할 자격이 있다. 이 위대한 과업에 열성적으로 도전하는 젊은 남녀를 바라보는 것보다 더 신나는 광경은 없다. 그들의 첫 저녁이나 새벽의 시작이 주는 드라마틱한 설렘이 가슴을 뛰게 만든다. 다시 젊음으로 돌아가는 유일한 방법은 스스로 교육의 여정에 새롭게 발을 디디는 것이다.

자연스럽고도 당연하게 모든 어린 학생들은 매우 천진난만하다. 그들의 몸짓만큼이나 터무니없는 희망을 가진 순진한 생명체들이다! 순진함 자체는 문제가 되지 않지만, 명확한 주의 사항을 기억한다면 실수를 크게 줄일 수 있다. 이와 관련해 미리 고려해야 할 두 가지 중요한 요소는 이것이다. 첫째, 어린 시절의 나태함과 노력에 대한 거부감은 거의 항상 육체적 유기체가 제대로 작동하지 않는 신호라는 점이다. 건강한 어린이들은 결코 나태하지 않다. 그럴 수가 없다. 그들의 에너지는 점점이 흘러나온다기보다 분수처럼 터져 나온다. 그러므로 나태함은 정신적 치료로 접근하기보다는 육체적으로 치료해야 한다. 두 번째 고려 사항은 공부를 할 때 지루함을 느끼는 건 그 주제를 싫어한다는 증거라는 점이다. 아니면 공부 방법이 잘못된 것이다. 모든 공부, 모든 자기 교육은 흥미로워야 한다. 그렇지 않다면 변화를 원하는 것이다. 물론 가장 좋은 환경에서도 교육을 받을 의사나 능력이 없는 소수 개인은 존재한다. 그들은 불완전한 삶에 적응해야 한다. 태어나는 순간부터 서서히 소멸해가는 존재들이다. 그들에게 아둔함은 필연적인 몫이며, 이에 대해 더 이상의 논의는 필요하지 않다.

이제 두 가지 주요 고려 사항을 검토했기 때문에 우리는 보다 발전된 논의를 진행할 수 있다. 자기 주도 학습에 열정을 가진 이들에게 제공할 수 있는 가장 중요한 조언 중 하나는 너무 이른 시기에 특정 분야에 깊이 몰두하지 말라는 것이다. 많은 사람이 폭넓은 지식에 대한 강한 열망을 가지고 있지만, 초기에는 특정 지식 분야에 대한 열정을 느끼지 못할 수도 있다. 그러나 공부를 하다보면 모든 지식을 동일한 수준으로 갖추려는 시도가 얼마나 어리석은 것인지 깨달은 후, 자연스럽게 전문 지식에 초점을 맞추게 된다.

아직 집중할 분야를 결정하지 못한 사람들은 종종 결정을 위한 결정이라는 함정에 빠지기 쉽고, 결국 잘못된 결정을 해 에너지를 낭비하고 처음부터 다시 시작해야 하는 상황에 처할 수 있다. 이들은 내면의 목소리가 진정한 방향을 가리킬 때까지 무한한 지식의 바다에서 마음껏 탐색하는 것이 좋다. 아마도 가장 성공적으로 자기 주도 학습을 하는 이들은 광범위한 지적 탐욕의 향연을 벌이면서 시작했을 것이다. 그러나 명확한 방향이 보이더라도 전문화를 서두르지는 말아야 한다. 일반 교육이 특수 교육보다 선행되어야 하며, 그렇지 않으면 결과는 편향되고, 균형을 잃고, 불완전한 삶의 확장판이 될 것이다. 전문화는 그 자체보다 훨씬 폭넓고 확고한 기반 위에서 이루어져야 한다. 어떤 특별한 지식도 개별적으로는 완전히 이해할 수 없다. 반드시 전체 지식과 연결되어야만 한다. 그리고 전문화가 개인의 생계와 관련이 있든, 자체적인 목적을 지니든 관계없이 적용되는 규칙이다. 더 나아가 이룰 수 있는 최대의 행복을 얻기 위해 자기 학습의 전체 과정 역시 이러한 목적을 염두에 두고 수행되어야 한다.

일반 교육과 특수 교육을 모두 받기에 인생이 너무 짧다는 것은 진실이 아니다. 인생은 너무 짧지도 그렇다고 길지도 않다. 적당한 길이다. 그리고 현명하게 사용할수록 그 시간은 더 늘어난다. 일반 교육과 특수 교육은 의심할 여지 없이 인간의 생존 기간에 맞춰질 수 있으며, 어떤 경우에도 다른 기본 사항들을 무시한 채 한 가지 세부 사항만 배우는 것보다 전반적으로 잘 사는 법을 배우는 것이 더 낫다. 이런 실수에 빠진 남자는 근육을 과하게 발달시켜 심장병으로 일찍 죽는 운동선수와 같은 꼴이다. 교육 계획은 세심하게 잘 짜여져야 한다. 그리고 계획의 실행은 실제로 살아가는 행위에 의해 끊임없이 점검되어야 한다. 자기 학습에 대한 열정 때문에 교육의 목적은 너무나 자주 시야에서 완전히 사라져 버리고, 이를 알지 못한 채 주인공은 목표에서 점점 더 멀어지게 된다. 학구적인 사람이 현실적이지 않고 세상물정에 어둡다는 건 부끄러운 일 아닌가? 교육이 삶을 사랑하라고 가르치지 않는다면, 더 다양한 삶을 향한 소망을 만들어내지 못한다면, 어떠한 종류의 삶도 이해할 가치가 없거나 주목할 가치가 없지 않다는 사실을 보여주지 않는다면, 단순히 재산을 과시하는 것이 아니라, 존재의 거대한 흐름 속으로 깊숙이 뛰어들게 하는 영감을 제공하지 않는다면, 그것은 아무런 쓸모가 없다. 그것은 참으로 시간 낭비이며, 그런 교육을 받은 사람은 양떼가 우리 문을 통과할 때 그 마릿수나 세는 일에 종사하는 것이 나을 것이다.

마지막으로 교육에는 시작이 있지만 끝은 없다는 사실을 엄숙하게 기억해야 한다. 더 많이 알수록 모르는 것이 더 많아진다. 오직 가장 현명한 사람만이 자신이 얼마나 어리석은지 알 수 있으며, 지혜롭지 못함을 깨닫는 것은 최고의 감성이다. 왜냐하면 교육은 자기 자리를 찾아주고 다른 어떤 것과도 비교할 수 없는 삶의 경이로움을 보여주기 때문이다. 교육이 확대됨에 따라 우주에 대한 시야도 놀라울 정도로 확대되고 신에 대한 관념은 더욱 고차원적이고 강력한 형태로 형성된다. 일상적인 의미에서 완전하게 사는 법을 배운 사람들은 더욱 완전하게 살려고 노력하다가 죽을 것이다. 노년기에 도달해 짧은 여생을 활용하여 지혜의 보물을 찾으려는 사람들을 보며, 생각이 짧은 이들은 비웃을 수 있다. "도대체 어디에 써먹으려고 뭘 배우는 거지?" 그가 새로운 지혜로 무엇을 할 수 있을지는 아무도 모른다. 그러나 모든 과학이 완전한 허구 위에 세워지지 않는 한, 무덤 이쪽에서든 저쪽에서든 그 무엇을 잃어버리지도, 잃어버릴 수도 없다. 우리는 무덤 반대편에 대해서는 아무것도 모르고 확실히 알 수도 없다. 우리는 이 사실을 알아야 한다. 어쨌든 배움은 어떤 경우에도 결코 낭비가 아니다.

4장

일에는 아낌없이 열정을 쏟는다

기본적인 것을 소홀히하지 말라

거의 모든 젊은이가 자신의 재능을 활용해 누군가에게 고용되는 형태로 사회생활을 시작한다. 이들 중 대부분은 근무할 수 있을 때까지 직원의 신분을 유지하며, 우리 대다수는 변화무쌍하고 위험한 '사회'라는 인간 메커니즘 속에서 자신의 존재를 안전하게 유지하기 위해 타인의 승인과 선의에 의존한다. 일반적으로 경험이 부족한 청년(앞에서 언급했듯 젊은 남성과 여성을 모두 포함해서)은 고정된 임금을 받는 대가로 자신의 노동을 최선을 다해 제공하겠다는 의도로 직원이 된다. 그러나 그가 가장 먼저 발견하는 것은 동료 직원들이 최선을 다하지 않는다는 사실이다. 그는 자신이 일하는 환경이 열심히 일하는 분위기와 거리가 멀다는 것을 깨달거나, 아니면 동료들에 의해 그런 사실을 날카롭게 깨닫게 된다. 이런 현상을 설명하는 이론은, 고용주가 가능한 한 적게 대가를 지불하려 하기 때문에 직원들 역시 최소한의 노동만 제공하려 한다는 것이다. 고용주는 계산 가능한 특정 금액을 제공하면서, 계산할 수 없는 동등 가치 이상의 노동력을 기대한다. 직원들이 제공하는 노동력은 변동성이 크고, 고용주는 할 수 있는 한 이를 최대한 확장하려 한다. 이 과정에서 고용주와 직원 사이에는 서로를 향한 음모와 같은 이중적인 관계가 형성된다.

직원들은 "도대체 왜, 고용주만 부자로 만들기 위해 필요한 것보다 더 많이 일해야 하나요?"라며 항의한다. "우리가 사업을 위해서 모든 노력을 다한다 해도, 고용주가 정말 우리에게 적절한 보상을 할까요? 아마도 그렇지 않을 겁니다. 우리가 건성으로 일했을 때와 똑같은 임금을 지급할 거예요. 고용주는 아마 미소를 지으면서 감사하다는 말이나 뭐라뭐라 칭찬을 할 수는 있겠지만, 그런 미소와 칭찬으로는 담배도, 비단 스타킹도 살 수 없습니다. 그래서…" 등등이라고 말할 것이다.

이 논쟁에는 어느 정도 진실이 담겨 있다. 많은 초보자가 대개 이러한 주장을 액면 그대로 받아들이고 그에 따라 행동한다. 그러나 이러한 전략은 장기적으로 보았을 때 직원에게 불리하다. 실제로 최선을 다하는 직원은 거의 모든 경우에 자신이 받는 대가보다 더 많은 일을 하게 되며, 이로 인해 다른 직원들 사이에서 순진한 박애주의자로 비칠 수 있다. 그러나 이러한 헌신은 오랫동안 지속되지 않을 것이다. 왜냐하면 그러한 직원은 결국 자신의 위치에서 승진하거나, 더 나은 기회를 찾게 될 것이기 때문이다. 우수한 직원에 대한 소문은 밖으로 퍼져나가기 마련이다. 이런 직원은 매우 드물기 때문이다.

그렇다. 실제로 뛰어난 직원은 흔치 않다. 그리고 모든 고용주는 이러한 인재를 찾아내는 데 은밀한 관심을 두고 있다. 위기 상황에서 다른 이들이 매정하게 해고될 때도 이러한 직원은 자리를 지키며 사업을 지탱하는 기둥이 된다. 대체하기 어려운 직원이라는 사실은 고용주와의 협상에서 강력한 카드가 된다. 물론 이런 직원에게도 결점이 있을 수 있다. 둔하거나 어리석거나 일처리가 느리거나 성격이 나쁘거나 무례할 수 있다. 그러나 그는 자신의 업무에 에너지를 아낌없이 쏟아붓는 데에는 인색하지 않다. 그의 이런 에너지는 다른 결함을 상쇄시키며 유리한 평가를 받게 한다. 그리고 그를 고용주와 동료들 사이에서 가장 소중한 자산으로 만든다. 그는 때로 주말에 받는 보수보다 주중에 더 많은 일을 할 수도 있지만, 대체로는 일을 하는 만큼 받는다. 비록 그 보상이 항상 금전적이지만은 않더라도 말이다.

이 거래를 단순히 직원과 고용주 사이의 거래로만 간주해서는 안 된다. 이는 직원과 사회 전반 사이의 교환으로 보는 것이 더 적절하다. 그리고 이런 관점에서 볼 때, 거래는 덜 불공정해 보일 수 있다. 금전적 의미에서도 그렇다. 공정이라는 개념은 매주 단위, 또는 매년 단위로 계산되거나 균형을 이룰 수 없다. 공정성은 단기적인 관점에서가 아니라, 수십 년 또는 평생의 절반이나 일생 전체를 통틀어 평가되어야 한다. 에너지에 대한 보상은 종종 즉각적으로 이루어지지 않으며, 때로는 10년의 시차를 둘 때도 있고, 일반적으로는 5년 정도 후에야 이루어진다. 성공한 사람이 현재 받는 보수가 과거에 한 일에 비해 과도해 보일 수 있지만, 사실 그들은 몇 년 전의 노력에 대한 보상을 받고 있는 것이다. 우리가 종종 목격하는 바와 같이, 노인들이 가벼운 노동을 하고 높은 급여를 받는 것은 그들의 명성, 신뢰, 경험, 그리고 긴급상황에 대처하는 능력 때문이다.

그러므로 젊은 직원은 당장의 보수와 하는 일을 비교하며 지속적으로 저울질하거나 노닥거리며 에너지를 낭비해서는 안 된다는 조언을 귀 기울여 들어야 한다. 그에게는 풍부한 에너지가 있으며, 백만장자가 작은 지출에 인색하지 않듯이 이를 사용해야 한다. 궁극적인 보상을 받지 못할 수도 있다는 위험을 감수하며, 단기간이 아닌 장기적인 목표에 집중해야 한다. 버지니아 덩굴 식물의 씨앗이 아니라 참나무 씨앗을 뿌려야 하며, 도토리가 자라는 데 필요한 엄청난 인내심을 발휘해야 한다.

물론 모든 직원이 이 조언에 따라 행동한다면 그들 중 누구도 그런 혜택을 누리지 못할 것이고 고용주만 황금마차를 타게 될 것이라는 반론도 있을 수 있다. 맞다! 이 이의에 대해서는 어떤 답변도 제시할 수 없다. 하지만 모든 직원 또는 대다수 직원이 위에서 언급한 조언에 따라 행동할 가능성이 전혀 없기 때문에, 이러한 우려를 할 필요가 없다. 모두가 이 조언에 찬성하겠지만, 실제로 그것을 실천에 옮기는 사람은 거의 없을 것이다.

이러한 조언을 따르기로 결정한 소수의 직원은 효율적으로 일하는 데 필요한 요령을 이해해야 한다. 한 직원의 게으름이 다른 이들에게 부담을 주지 않는 한 그것은 큰 문제가 되지 않는다. 그러나 만약 그런 상황이 발생한다면, 그 게으른 직원은 급격한 변화에 직면하게 될 것이다. 게으름이 다른 이들에게 불편을 주지 않는다면, 다른 직원들은 고용주의 불행을 인내심을 가지고 견딜 것이며, 게으른 직원도 일정 수준의 존중을 받으며 잘 지낼 수 있을 것이다. 그러나 '부지런한 직원'은 특히 주의를 기울여야 한다. 만약 그가 사교성과 재치, 그리고 뱀 같은 교활함을 발휘하지 않는다면 소극적이거나 적극적으로 미움을 받게 될 것이다. 왜냐하면 그가 모든 동료들에게 적용될 새롭고 더 엄격한 기준을 세우고 정립하고 있으며 고용주가 더욱 예리한 눈으로 그들을 비판하도록 자극하고 일반적이던 업무의 질서를 어지럽히기 때문이다. 죄에는 형벌이 있지만 의로움에도 형벌이 따른다. 게다가 정의는 때로 독선으로 비칠 수 있으며 이는 쉽게 변질될 수 있다.

그리고 근면한 견습생은 자신의 훌륭한 노력으로 일터 전체를 불안하게 만들기 때문에 고용주가 더 좋아해줄 거라고 기대하지 마라. 그 반대가 오히려 더 확률이 높다. 고용주가 모든 직원을 근면한 견습생으로 바꾸길 원한다고 해도 그는 그럴 수 없으며, 그럴 수 없다는 사실 또한 잘 안다. 고용주는 무엇보다도 직원들 사이의 조화를 원한다.

때로 근면한 견습생은 자신의 고용주조차 게으르다고 생각하며 도덕적 우월감을 느낄 수 있다. 그러나 고용주는 자신의 권력을 갖고 절대적인 권위로 자신의 위치를 지키려 할 것이다. 따라서 근면한 견습생은 고용주와 동료 직원에게 다가가는 방식에 있어 신중해야 하며, 이는 업무 자체를 처리하는 기술만큼이나 중요하다. 이러한 접근 방식은 상식에 근거한 진실이며 결코 냉소적인 풍자가 아니다.

마지막으로 활력이 넘치고 성실하며 관대하고 재치 있는 직원이 야망까지 크다면 그는 조만간, 아마도 머지않아 다음과 같은 문제에 직면할 것이다. "지금 있는 곳에 머물 것인가, 아니면 모험심을 발휘해 다른 곳으로 갈 것인가?" 이 질문에 대한 답은 분명하다. 그는 자기가 있는 곳에 머물러서는 안 된다. 현 상황에 오래 머무르는 사람은 함정에 빠진다. 새로운 경험을 하지 못할 것이고 그러면 융통성과 근면성을 잃게 된다. 세월이 흐르면서 나이가 들 것이고 새로운 기회의 수가 줄어들면서 두려움 또한 커질 것이다.

고용주는 일반적으로 장기간 근무할 수 있는 직원을 원한다. 고용주들은 자신이 지금껏 해오던 방식과는 다른 낯선 방식을 택하지 않을 것이며, 오랜 기간 다른 직원들을 고용해본 경험을 통해 이를 잘 알고 있다. 고용주는 직원이 자신을 떠나길 바라지 않지만, 시간만이 부여할 수 있는 통제력이 자신에게 있다고 느껴 안심한다. 이러한 태도는 불가피하게 직원을 대하는 그의 방식에 영향을 미친다.

진정한 성공은 위험을 감수하지 않고서는 거의 달성될 수 없다. 야심 찬 직원에게는 좋은 기회가 많으며, 이러한 기회는 도전하기 전까지는 아무런 의미가 없다. 자신이 타고 있는 배를 버릴 각오가 되어 있지 않은 한 단 하나의 기회에도 도전할 수 없다. 거의 모든 성공한 사람들이 한 번이 아니라 여러 번 배에서 뛰어내렸다. 그들은 지속적으로 기회를 모색하지만 때때로 일시적으로 안타까운 결과를 맞기도 했다. 그러나 그럼에도 그들은 멈추지 않았다. 그들의 삶은 극적이며 안정성을 포기할 만한 각오 없이는 큰 성공을 거둘 수 없다.

그러나 건강한 성격을 지닌 열성적인 모든 직원이 야심을 가진 것은 아니다. 그들 중 다수는 조심성이 많고 무엇보다 안정을 원한다. 안정이 보장되면 그들은 가장 안심할 수 있는 직장을 만들기 위해 열심히 노력하고 종종 상당한 정도의 창의성을 발휘할 것이다. 그러나 바깥세상에 반짝이는 복권이 아무리 많아도 자신들의 안정과 교환할 생각은 하지 않을 것이다. 그들에게는 모험심이 없다. 한 곳에 안주하는 것의 위험성에 대해 이야기한들, 이 모험심이 없는 성실한 집단에게는 영향을 미치지 못한다.

인생을 최대한 잘사는 방법을 논의할 때 어려운 점은 확실하고 안전한 것을 선호하는 이들에게도 너무 많은 도전이 닥쳐온다는 것이다. 인생을 최대한으로 살아가지 못하는 이유는 눈에 띄게 분명한 것들을 무시하는 경우가 많기 때문이다. 모든 사람이 꼭 해야 한다고 동의하는, 완벽하게 간단한 일을 하지 못하는 것이나 모두가 조심해야 한다고 동의하는, 위험한 일에 경솔하게 도전하는 것 모두 피해야 한다. 이는 마치 성공을 향해 달리는 후보자에게 집에 들어가기 전에는 잠긴 문을 먼저 열어야 한다고, 규칙적으로 식사하면서 과식을 피하라고, 생명을 유지하기 위해 숨 쉬는 것을 잊지 말라고 상기시키는 것과 같다. 즉, 성공을 추구하는 사람에게 기본적인 생활 습관을 지키라는 말과 같으며 이것은 근본적으로 중요함에도 종종 간과된다.

이제 독립적인 생활을 시작하고 처음으로 세상에서 홀로 생계를 유지하며, 모든 필수품과 사치품을 자신의 노력으로 사야 하는 젊은이가 취해야 할 한 가지 기본적인 안전장치가 있다. 너무 초보적인 사항이라 이름 붙이기도 민망하지만, 그렇더라도 언급하지 않을 수는 없다. 왜냐하면 많은 사람이 끈질기고 무던한 자세로 이를 무시하기 때문이다. 그것은 바로 '저축'이다.

세상에 처음 나선 젊은이는 확실히 저축을 해야 한다. 모두가 이 말에 동의할 것이다. 당연하게도, 그리고 필연적으로 사회초년생이라면 저축해야 한다. 문명화된 세계의 모든 성인들이 이 진리를 알고 있지만 실제로 그렇게 저축을 하지는 못한다. 실제로 대다수 젊은 남성은 자신의 마음에 드는 젊은 여성을 보았을 때에야 처음으로 저축에 대해 진지하게 생각하는 경우가 많다. 자연의 가장 강력한 힘은 우리에게 중요한 인생의 결정들을 고민하게 만든다는 것이다.

이는 마치 그녀와 미래를 함께하려면 '저축을 시작해야겠다'는 갑작스러운 깨달음과 같다. 그는 혼잣말로 중얼거릴 것이다.

"어이쿠! 당장 저축을 시작해야겠구나."

그리고 그는 시작한다. 약혼 기간을 무기한으로 늘릴 수는 없으니 아무래도 이때 하는 저축은 시기상 늦은 것이다. 일반적으로 6개월이나 1년 만의 저축으로 사랑의 보금자리를 채울 가구를 살 수는 없으니 말이다. 그래서 이들은 할부로 구매한다. 어쨌든 하늘에 감사하게도 그의 저축은 시작됐다. 세상에나, 아마도 수년 동안 그를 똑바로 노려봤을 심오한 경제적 진실 하나가 드디어 모습을 드러냈다. 마치 백내장 수술을 받은 것처럼, 이제 그는 명확히 보게 되었다. 나는 젊은 여성들이 젊은 남성들보다 더 절약하는 경향이 있다고 생각한다. 비록 모두가 그렇다고 말할 수는 없지만 말이다.

청년은 수입이 생기는 첫 순간부터 저축을 시작해야 하고, 그 저축을 멈추지 않고 지속해야 한다. 소득이 아무리 적더라도, 그중 일부는 반드시 저축해야 한다. 담배, 영화, 고급 의류, 맛있는 식료품을 포기하더라도 저축은 필수다. 저축을 통해 기적을 이루어야 한다. 아주 적은, 정말 사소한, 아무것도 아니라고 느낄 만큼만이라도 저축해야 한다.

중요한 것은 저축한 금액이 아니라 저축하는 습관이기 때문이다.

저축 없이는 질병, 사고, 전쟁, 경제 위기, 고용주의 변덕 같은 다양한 위험에 쉽게 노출될 수 있다. 오늘날 수많은 사람이 다음 임금날까지 겨우 버티고 있는 현실은 안타깝고도 놀라운 사실이다. 이런 상황은 많은 이들이 주의 깊게 살펴보아야 할 중대한 문제다. 이런 글이 다소 불편하게 느껴질 수 있지만, 그 중요성 때문에 말하지 않을 수 없다.

청년은 현금 저축 외에도 자신의 미래와 생명을 보장하는 것의 중요성을 인식해야 한다. 보험회사들은 젊을 때 보험에 가입하는 것이 더 유리하다고 강조하며, 이는 합리적 근거에 기반을 둔 조언이다. 한번은 어떤 보험 관리자에게 보험회사가 노인보다 청년을 더 호의적으로 대하는 이유를 설명해달라고 요청한 적이 있다. 나는 그런 행태가 그저 우연의 결과인지 아니면 인류의 도덕적 품성을 향상시키려는 고상한 의도에 따른 것인지 물었다. 그는 당연히 보험회사가 노인보다 젊은 사람에게 더 호의적인 것은 아니며, 모든 연령대의 사람들을 정확히 동일하고 엄격한 비즈니스 스타일로 대우한다고 인정했다. 젊은 사람들이 낮은 보험료를 납부하는 것은 사실이지만, 보험기간이 길어짐에 따라 결국은 더 많은 횟수를 납부해야 하기 때문에 보험회사는 같은 금액을 받게 된다.

그럼에도 불구하고, 보험은 청년에게 중요한 재정적 이점을 제공한다. 보험은 예기치 못한 상황에 대비해 저축을 보충하는 안전망 역할을 한다. 또한, 보험 정책은 필요할 때 저렴한 비용으로 돈을 빌릴 수 있는 기회를 제공한다. 젊은 이들이 빚을 지는 것을 권장하지는 않지만, 예상치 못한 긴급 상황에서는 보험 정책이 중요한 자원이 될 수 있다. 영국에서는 보험료를 소득세 신고 시 공제받을 수 있는 이점도 있다. 소득세가 젊은 세대에게는 다소 낯선 개념일 수 있지만, 보험을 통한 절세는 장기적인 재정 계획의 중요한 부분이다.

보험의 종류는 다양하지만 크게는 사망 시 지급되는 보험과 생존 시의 저축 성격을 더한 '양로보험' 두 가지로 분류할 수 있다. 양로보험은 특정 나이에 도달했을 때, 또는 약정된 보험료 납부를 완료했을 때, 혹은 조기 사망 시에 지급하는 보험으로, 일반적으로 사망 보험보다 선호된다. 50~60세가 되면 돈이 절실하게 필요할 수도 있고, 다행스럽게도 그런 상황이 아니라면 보장된 금액을 언제나 더 효율적이거나 과학적으로 증명된 다른 수단으로 재투자할 수 있다. 그 보험 가입자가 보험에 가입한 친척보다 더 오래 생존하는 경우, 관리해야 할 재산을 물려받게 될 수도 있다.

하지만, 넘치는 재산이 실질적인 육체적 필요를 넘어선다면, 그 가치는 다시 생각해볼 문제다.

이러한 보험 관련 사항들이 청년의 재정 관리에서 핵심적인 요소는 아닐 수 있지만, 오랫동안 무시되어 왔다는 점에서 특별히 강조할 가치가 있다. 인생과 커리어의 계획을 세울 때와 마찬가지로, 개인 예산 관리도 전체적인 관점에서 접근해야 한다. 한 부분이 다른 부분을 위해 희생되어서는 안 되며, 필요한 희생과 고통도 공평하게 분배되어야 한다. 예를 들어, 청소년에게 책을 구매하기 위해 담배를 완전히 끊어야 한다고 조언하기보다는 가끔 정말 보고 싶은 책이 있다면 담배를 줄여보라고 권하고 싶다.(이 책이 쓰인 20세기 초는 아직 담배의 유해성이 알려지지 않은 영향으로 보인다-옮긴이)

지적 생활을 위해 대비하라

이제부터는 지나치게 삶의 물질적 측면에 초점을 맞췄다는 오해를 해소하고자 한다. 그리고 인생에는 수입과 지출보다 훨씬 더 중요한 문제가 있으며, 그 중요성을 고려할 때 이런 문제들을 더 먼저 거론했어야 한다고 주장하는 사람들과의 오해도 풀고자 한다. 나는 삶의 도덕적, 지적, 예술적, 정서적 부분이 단순한 물질적인 요소보다 행복 그리고 올바른 삶과 더 관련이 있다는 데 동의한다. 예를 들어 사람이 수입을 과학적으로 관리하고, 좋은 음식을 먹고, 편안한 침대에서 자고, 지위에 맞춰 옷을 잘 입는 것보다 동료들에게 정의롭고 관대하게 행동하는 것이 더 중요하다는 데 동의한다. 그러나 나는 사람이 삶의 모든 측면에 주의를 기울여야 하고 당연히 그럴 수 있다고 본다. 정신적 활동이 육체적 건강에 의존해야 하는 것과 마찬가지로 더 훌륭하고 고상한 모든 인간의 활동은 건전한 물질적, 경제적 기초 위에서만 이루어질 수 있다.

더 나아가 능숙하게 생활비를 벌고, 돈을 효과적으로 쓰거나 저축하는 것은 다른 방법으로는 해결할 수 없는 근본적이고 자연적인 인간의 본능을 충족시키는 일이다. 물질적 분야를 경멸하고 더 높은 차원의 정신적 삶을 추구한다는 모호한 주장은 위험할 정도로 잘못되었다. 물질세계에서 살지 않고서는 누구도 더 높은 차원에서 살 수 없다. 어느 누구도 물질적인 기초 없이 영적인 분위기에서만 헤엄칠 수는 없다. 그런 주장은 자연 이치에 어긋나고 명백하게 터무니없는 것이다.

묵상과 기도, 구원과 영원한 복리를 위해 존재하며 그 구성원들이 '세상과 단절한 채' 살아가는 종교 공동체 같은 극단적 경우를 예로 들어보자. 그들은 세상과 자신을 단절하지 않았다. 나는 엄청나게 복잡한 인간 사회라는 유기체에서 매우 고상한 기능을 수행하는, 그런 공동체에 반하는 어떤 이야기도 하지 않을 것이다. 다시 말하지만, 그 구성원들은 세상이나 세상의 물질 체계로부터 자신을 단절하지 않았다. 그들이 입는 옷, 먹는 음식, 몸을 따뜻하게 해주는 석

탄, 앉는 의자, 거주하는 건물은 모두 물질 체계의 직접적인 산물이다. 이런 것들은 물질 체계의 인간 노동으로 만들어 졌다. 공동체가 어떤 소득을 누린다면, 이는 물질적이기 때문에 그럴 수 있는 것이다. 이는 물질적 활동에 기반을 두고 있으며, 자본을 축적하거나 순수한 물질적 노동을 통해 토지를 획득한 이들이 그 결과물을 공동체가 소유하는 것을 정당하게 여겼기 때문이다.

물질 체계에 문제가 발생하면 그 영향은 공동체의 고등 활동에도 미친다. 실제로 공동체의 리더들이 물질적 문제에 심취해 있으며, 그렇게 될 필요가 있다는 것은 널리 알려진 사실이다. 그들은 원하는 차원의 수준 높은 활동이 원활하게 번성할 수 있도록 물질적 문제에 전념한다. 그들은 물질 세계와 단절하는 것이 아니라 밀접하게 개입한다. 또한 물질적인 업무를 처리하는 데 탁월한 능력이 있다는 평판까지 누린다. 실제로도 그런 능력을 가지고 있는 것이 분명하다.

반면 실제로는 전혀 물질적인 것을 거부하는 게 아닌데도 거부하는 것으로 보이는 사례들이 많이 있을 수 있다. 장사를 하면서 연간 5만 달러를 버는 남편과 두 채의 집, 세 대의 자동차, 그리고 30명의 하인을 둔 세련된 여성이 영성주의 문제를 연구하는 단체에 자신을 황홀하고도 온전하게 공헌했던 사례는 더 자세히 설명할 필요가 없을 것이다. 그러나 자신이 열정적인 예술의 대상으로 삼는 세계를 "철저한 물질주의"라고 부르며 경멸하는 젊은 시인, 화가, 음악가의 사례는 언급할 필요가 있다.

나는 이런 젊은이의 대표적 표본들을 많이 만나봤다. 우선 그들은 빚을 지고 있다. 다시 말하자면, 그들은 스튜디오를 마련하고 피아노를 빌리고 술과 고기를 사면서도 그 대가를 제대로 이행하지 못했다. 다른 말로 표현하자면 그들은 자신이 멸시하는 물질주의 세계에서 자신이 원하는 것을 얻으면서 그 대가를 지불하지 않은 부정직한 사람들이다. 또는 다시 말하면 거짓된 가식을 통해 상업 체계의 개인들이 자신의 복지를 위해 일하게 하고, 그 대가로 자신은 아무것도 제공하지 않도록 정의된 존재들이다. 이들은 의도적으로 거짓을 말하며 피해자인 친구들로부터 돈을 빌릴 것이고 그 돈은 세상의 물질적, 경제적 체계에서 비롯된 것이다.

그들은 식사와 잠자리에는 다소 태만할 수 있으나, 대개 마시는 음료의 질과 양을 중요하게 여기고 거의 항상 담배에 절대적으로 의존한다. 담배는 경제적 체계의 개인 단위에서 제조 및 유통되는 물질로서, 인간의 영혼과 육체를 함께 유지하는 데 도움이 되어야 한다는 명확한 인식에 근거

한다.

이러한 청년들은 육체적 노동으로 인한 고충을 경험하지 못해 게으르게 행동하는 경향이 많다. 그들의 일상은 체계적이지 않고 불규칙하며, 주로 시간을 허비하면서 점차 자신의 본능을 제어하는 능력을 상실하고 변덕스러운 존재가 되어간다. 그럼에도 불구하고, 그들은 살아가면서 자신들이 멸시하며 속이는 물리적 세계에 계속해서 의존할 수밖에 없다.

이 젊은이들이 가끔 뛰어난 작품, 심지어 걸작을 창조할 수 있다는 것은 주요한 논점이 아니다. 그들의 창작은 정직하지 않은 삶의 철학이나 그런 태도에도 불구하고 이루어지는 것이다. 게으름을 부려도 땅바닥으로 처박히지 않는 건 오직 가스를 주입한 풍선뿐이고, 그 풍선마저 언젠가는 가라앉는다는 사실을 그들이 깨닫는다면 훨씬 더 많은, 더 나은 작품을 생산할 수 있을 것이다.

나는 물질적인 의미에서 '승진'하는 일에 과도한 중요성을 부여하고 싶지는 않다. 세상에는 야망이 없고 삶의 세속적 측면에 대해 최소한의 관심만 가진 부류도 있다. 그들은 매우 훌륭한, 어쩌면 가장 훌륭한 인간일 수도 있다. 여기서 '세속적'이라는 단어는 최대한 넓은 의미이다. 그들은 마음과 영혼이라는 최고의 본능이 누릴 수 있는 만족을 추구한다. 그들에게는 고용주인지 피고용인인지, 성공했다고 평가받는지 아닌지, 부츠를 스스로 닦는지 아니면 수많은 하인의 시중을 받는지, 빵을 먹는지 캐비아를 먹는지, 궁전에 사는지 오두막에 사는지, 1년에 20만 달러를 쓰는지 2백 달러를 쓰는지는 크게 중요하지 않다. 이런 부류는 피할 수 없는 불리함을 겪기도 하지만 유난히 운이 좋은 편이다. 그럴 수 있는 이유는 부분적으로 그들이 매우 독립적이고, 또 부분적으로 그들이 추구하고 종종 만끽하기도 하는 행복의 질이 순전히 영적이거나 지적인 것이기 때문이다.

그러나 이들조차 삶의 물질적 기초를 무시하고서는 안전할 수 없다. 그들은 수입을 안전하게 관리하지 못한다. 그리고 자만심이나 부주의함으로 물질적 세계가 주는 것보다 더 많은 것을 낭비한다면, 그들이 가장 소중히 여기는 이상이 더럽혀지고 그로 인해 고통받을 것이다.

일반적인 성공을 바라는 우리 중 대다수에게는 상업이든, 학문이든, 예술이든, 과학이든, 적절하게 수입을 관리하는, 말 그대로 상식적인 재무 관리가 최우선의 선결 과제가 되어야 한다. 개인과 세계 전체의 관계는 개인의 사적인 기준이 아니라 세계 전체의 규범에 따라 결정된다.

우리 중 누구도 자신만의 기준으로 세상을 다룰 수 없다. 안전은 수세기에 걸쳐 축적되고 성숙해진 인류의 경험에서 비롯된 원칙들을 엄격히 준수함으로써 달성될 수 있다. 이러한 원리를 무시하면 갈등은 확실히 발생하고, 이를 무시하는 정도에 따라 갈등의 크기도 달라진다. 갈등은 그 시작이 아무리 단순하거나 터무니없더라도 두뇌의 활동을 방해하고 때로는 가장 높은 수준의 사고를 차단해버린다.

젊은이가 올바르게 살려고 노력하면서도 부츠를 제때 수선해 놓지 않는다면, 비 오는 날 감기에 걸리거나 중요한 시험에서 기회를 놓칠 수 있다. 가족의 임대료나 식료품비 같은 사소한 걱정이나, 경고를 무시하고 방치해 생긴 치아 통증 같은 문제 때문에 마음이 주요 목표에서 멀어진다면, 어떻게 자신의 경력 전체를 아우르는 방대한 계획에 전념할 수 있겠는가? 그럴 수 없는 건 단순한 이유 때문이다. 다른 이유를 열거할 필요도 없이 확실하게 그렇다. 인생에서 가장 큰 일은 가장 작은 일들에 달려 있다. 그러므로 가장 사소한 일, 진부하고 평범한 일, 뛰어난 영혼이 경멸하기 쉬운 일들을 다른 큰 일들과 동일하게 효율적으로 처리해야 한다.

5장

사랑하기 전에 알아야 할 것들

사랑에는 조건이 있다

많은 사람이 사랑은 인간의 지성으로는 제어할 수 없는 감정이라는 고정관념을 가지고 성장한다. 특히 앵글로색슨 계열의 사람들 사이에서 이러한 오해를 받아들인 비율이 높을 것이다. 우리 중 다수는 아마도 영국에서 대중의 개인적인 꿈에 막대한 영향을 미치는 감상적인 응접실 발라드 drawing-room ballad(19세기 말부터 20세기 초까지 유럽에서 인기를 끌었던 음악 장르. 주로 부르주아 계급의 응접실에서 공연이 이루어졌다_옮긴이)에서 사랑과 사랑에 빠지는 감정에 대한 관념을 얻었을 것이다. (프랑스에는 감상적인 응접실 발라드가 없다. 말할 것도 없이 발라드 공연의 전통 또한 전혀 알려져 있지 않다.)

감상적인 응접실 발라드에서는 한 명의 특별한 소녀가 한 명의 특별한 청년을 기다린다. 그들은 우연히 또는 신의 뜻에 따라 만나게 되어 있다. 모임에서 그녀는 그의 눈을 바라보고, 그 또한 그녀의 눈을 마주 본다. 그리고 기적이 일어난다. 그들은 둘 다 그 순간부터 자신들의 삶이 바뀌었다는 것과 그 특별한 소녀가 그 특별한 청년에게 미친 놀라운 영향을 다른 어떤 소녀도 바꿀 수 없으며 그 반대의 경우도 마찬가지라는 사실을 확신한다. 그 사랑이 결코 피할 수 없는 것이라는 사실, 사랑은 인간을 지배하는 일종의 헤아릴 수 없는 고차원의 힘이라는 사실, 사랑이라는 최고의 진실 앞에 지구상 어떤 것도 중요하지 않다는 사실을 그들은 잘 알고 있다.

감상적인 응접실 발라드는 인류가 질병과 전염병을 대했듯이 사랑을 다룬다. 쉽게 말하자면 사랑이 찾아오는 것을, 물론 천연두 같은 전염병보다 훨씬 기분 좋은 방문이지만, 하찮은 인간이 의도하지 않았고 대처할 수도 없는, 마치 벼락이나 홍수와 비슷한 것으로 여기는 것이다. 모든 망상에는 일정 부분 진실이 깔려 있고, 감상적인 응접실 발라드가 퍼뜨리는 망상 또한, 때로는 이상하고 눈길을 끄는 현상일지라도, 자체적으로 정당화될 여지가 있다. 그러나 더 넓은 관점에서 볼 때, 이러한 망상은 우리가 경험하는 삶과 크게 부합하지 않으며, 결혼이라는 제도가 등장한 이후로 불행하고 진부한 결혼의 주된 원인이 되었다. 많은 사례를 들 수 있지만, 감상적인 발라드를 사랑하는 앵글로색슨 대중을 불편하게 하고 싶지는 않다. 그들은 사랑에 빠진 후에 느끼는 사랑의 가혹한 지배력, 무력감, 사랑에서 벗어나려는 무익한 시도에 대한 이야기에 매료되기 때문이다.

사랑에 빠지고 사랑의 열병을 앓으며 사랑하는 과정은 종종 소중하고 멋진 경험이 되고, 때로는 세상의 다른 어떤 것과도 비교할 수 없는 최고의 순간을 선사한다. 그러나 이 경험이 인간의 통제를 완전히 벗어나는 것은 아니며, 불행보다 지혜를 얻는 경우도 있지만, 이를 일반화할 수는 없다. 가끔 행복을 가져다주기는 하지만, 대부분의 경우라고 단언하기는 어렵다. 이러한 관찰에 사랑을 폄하하려는 의도는 전혀 포함되어 있지 않다. 오히려 매우 관대한 자세에서 비롯된 결과다. 실제로 이렇게 성숙하고 공정한 관점에서 사랑을 바라보려는 시도는 드물다. 그럼에도 불구하고 이 주장이 여성과 남성 독자 모두에게 상당한 불쾌감을 줄 수 있다는 것을 잘 알고 있다.

감상적인 응접실 발라드가 전하는 감동적인 이야기와 달리, 사랑은 대체로 개인의 물질적 상황에 의해 좌우된다. 예컨대 결혼할 정도의 경제적 여유가 없어 사랑에서 멀어져 있던 남성이 충분한 수입을 얻게 되면, 곧 매력적인 여성과 사랑에 빠질 확률이 크게 증가한다. 일부는 이러한 만남이 우연이었으며, 그들이 마치 운명에 이끌렸듯 사랑에 빠졌다고 주장할 수도 있다. 하지만 그가 사랑에 빠지기 위한 물질적 준비가 되었고, 그 결과로 얻은 자신감이 더 적극적으로 상황을 준비했을 가능성이 더 크다.

삶이 지루하다고 느끼는 남자는 종종 사랑에 빠질 확률이 높다. 반면 자신의 삶에 만족하고 명확한 목표와 야망을 가진 남자는 사랑에 빠지지 않을 가능성이 크다. 그는 사랑을 찾지 않기 때문에 사랑의 기회를 놓친다. 한편 연애에 실패한 남자는 특정한 여성이 아니라 사랑 그 자체를 원하기 때문에 곧 다른 여성과 또 다른 사랑에 빠질 확률이 크다. 사랑의 경험을 즐기기로 마음먹었기 때문이다.

사랑을 원하는 사람은 사랑에 빠지고, 그렇지 않은 사람은 사랑에 빠지지 않는다는 명백한 진실을 많은 사례로 입증할 수 있다. 큐피드의 화살을 맞고 싶다면, 큐피드를 쫓아가서 간청해야 할 수도 있다. 물론 이러한 주장에는 예외가 있을 수 있으며, 때때로 사람들은 매우 불편하거나 심지어 비극적인 방식으로 사랑에 빠질 수도 있다. 때때로 그들은 사랑과의 싸움에서 저항할 수 있지만, 결국 정복당할 수도 있다. 그러나 발라드의 주인공들을 제외하고 현실에서 그러한 경우는 매우 드물다.

모든 소년과 소녀에게는 각자의 '운명'이 있으며, 그 운명의 상대를 만나야만 삶이 '완성'된다는 응접실 발라드의 이론에 대해 반박하자면, 행복한 결혼을 하는 평균적인 남편은 만 명의 다른 여성과도 똑같이 행복할 것이고, 아내도 만명의 다른 남성과 똑같이 행복할 것이라는 사실이다. (내가 만 명을 예로 든 건 그나마 절제한 것이다.) 배우자 선택은 필연적인 것이 아니라 우연한 상황에 의한 것이다. 만약 각 개인에게 정해진 '운명'이 있다면, 그 운명이 같은 마을, 심지어 같은 길거리에 몰려 있는 경우가 너무 많다는 게 매우 이상하지 않은가!

내가 그들의 로맨스와 삶에서 열정을 앗아가려 하는 걸까? 결코 그럴 의도는 없다. 실제로 삶과 사랑은 매우 낭만적이며, 진지하게 관찰할수록 그 낭만성은 더욱 깊어진다. 남자는 자신의 운명을 '찾는' 것이 아니라, 수만 명의 여성 중 한 명을 선택해 점차 그녀와 함께 자신만의 독특한 운명을 만들어가는 것이다. 이러한 경이로운 과정이 이미 정해진 운명에 우연히 불씨를 당기는 것보다 훨씬 더 낭만적이지 않은가?

거의 모든 사람이 사랑이 자신의 행복이나 불행에 미치는 영향을 상당히 통제할 수 있다는 점에는 의심의 여지가 없다. 이러한 통제력을 효과적으로 사용하려면, 사랑과 그것이 자신의 인생에 미칠 영향에 관심을 기울여야 한다. 이것은 사랑의 기쁨에 몰두하며 하루를 보내야 한다는 의미가 아니다. 오히려 자신에게 특정한 질문을 던지고, 가능한 한 솔직하게 대답하는 것에서 시작해야 한다. 그러나 직업 계획을 세우듯 사랑에 대해 계획을 세우라는 의미는 아니다. 절대로 그럴 수 없다! 사랑은 계산하기 어려운, 마음을 움직이는 일이며 단순한 공식으로 환원될 수 없기 때문이다. 사랑의 이치에 어긋나는 측면을 무시하고 오로지 논리적 사고만으로 접근할 수는 없다. 아무리 탄탄한 상식에 기반한 계획이라도 쉽게 무너질 수 있기 때문이다. 그럼에도 불구하고, 사람들은 대체로 현명한 조언을 따르기 마련이다. 사랑의 중요성, 아름다움, 장엄함, 낭만 그리고 그로 인해 발생할 수 있는 엄청난 결과를 고려할 때, 이성의 힘을 모아 미래를 현명하게 인도하기 위한 노력을 기울여야 한다.

마음가짐이 이성관계를 좌우한다

이제 청년이 바보가 아니라면 자신이 사랑할 준비가 되었는지 스스로에게 물어볼 것이다. 그는 신중하게 고민한 끝에 결정을 내릴 것이며, 감상주의자들의 비웃음에도 마음이 흔들리지 않을 것이다.

결혼은 일찍 하는 것이 좋을까, 아니면 늦게 하는 것이 좋을까? 물질적 기반이 갖추어져 있다면 일찍 결혼하는 것이 바람직하다. 그렇게 하는 것이 더 자연스럽고, 더 건강하고, 서로에게 더 쉽게 적응할 뿐만 아니라 그들의 자손이 세상에 나갔을 때 모든 면에서 더 나은 기회를 가질 수 있기 때문이다.

그러나 이러한 고려 사항들은 적절한 물질적 준비 없이

이루어지는 결혼의 단점을 충분히 상쇄시킬 수 없다. 결혼 생활을 유지하기에 충분한 수입이 없거나 수입이 증가할 가능성이 없거나 불안정하고 안정적이지 않은 경우, 응접실 발라드에서 그린 장밋빛 결혼과는 달리 결혼은 실질적으로 성립될 수 없다.

만약 결혼이 올바르게 진행될 수 없다면, 청년은 자신이 사랑할 준비가 되어 있지 않다고 판단하고 그에 따라 마음을 다잡는 것이 필요하다. 올바른 결론을 내리고 이러한 마음가짐이 자리 잡으면, 그가 만나는 소녀들이 아무리 매력적이더라도 쉽게 사랑에 빠지지 않을 것이다! 이러한 절제를 통해 청년은 만약 경솔했다면 직면할 수 있는 많은 문제로부터 자신과 주변 사람들을 보호할 수 있게 된다.

그렇다고 해서 물질적 기반과 결혼에 대한 갈망을 모두 갖춘 청년이 사랑에 관해 어리석은 결정을 하지 않을 것이라는 보장은 없다. 예를 들어, 세상의 정상을 향한 큰 야망을 가진 젊은이가 있다고 가정해보자. 이런 남성이 어린 나이에 결혼한다면, 그는 곧 자신의 아내가 아무 잘못이 없음에도 불구하고 함께 야망을 실현해나갈 수 없다는 사실을 깨닫게 될 것이다. 너무 이른 결혼은 야심 찬 많은 남성뿐만 아니라 상당수의 야심 찬 여성들의 삶을 복잡하게 만들었다.

한 청년이 결혼할 수 있는 위치에 있고, 결혼 생활에 대해 부정적으로 생각하지 않으며 젊은 여성을 만날 수 있는 준비가 되어 있다고 가정해보자. 이 청년은 거의 확실히 곧 다음과 같은 생각이 들게 하는 여성을 만날 것이다. "그녀가 나쁜 사람은 아니잖아." 그의 이런 생각과 말에 우리는 이렇게 말한다. "그는 그녀를 좋아해." 하지만 다음과 같은 표현이 이런 상황을 더 정확히 설명하는 말일 것이다. "그가 그녀에게 마음을 빼앗겼어."

이제 위험한 순간이 도래했다. 만약 지금 그 순간, 그 소녀를 다시 볼 수 없게 된다 해도 그는 심한 고통을 겪지 않을 것이다. 아직 아무에게도 해를 끼치지 않았으며, 이 위험한 미생물(사랑)은 표면에만 있을 뿐, 시스템(사람의 마음) 깊숙이 침투하지는 않았다. 이성과 판단력이 여전히 상황을 통제하며 털어낼 수 있는 상태다. 청년은 자신이 위험한 놀이를 하고 있다는 사실을 인식하고, 거리를 두기 위해 노력하며 쉽게 이성을 유지할 수 있어야 한다. 자신이 인생의 중대한 전환점에 있으며, 앞으로 몇 주 안에 자신의 전체 인생에 깊은 영향을 미칠 사건이 일어날 수 있음을 깨달아야 한다. 결코 가볍게 행동해서는 안 된다.

그러나 실제로 이런 문제를 깨닫는 젊은이는 거의 없다. 평범한 청년은 자기 마음이 이끌리는 대로 따르고 아무렇지 않게 살아간다. 그는 그 여자를 다시 만날 것이다. 정말로 다시 만난다. 몇 달이 지나면 약혼은 하지 않더라도 그의 애정이 깊어져 이성이 통제할 수 없는 지경에 이른다. 그는 그 소녀를 더는 있는 그대로 보지 못한다. 사랑이 그의 마음속에 만들어낸 이상화된 그녀의 모습을 볼 뿐이다. 그는 우리가 결혼이라고 부르는 거대하고 끝없는 과업의 장점과 단점을 더 이상 볼 수 없다. 그는 장점만을 인식하지만 그마저도 크게 과장되어 있다.

물론 아주 좋은 결과로 이어질 수도 있다. 그러나 만약 그렇다면 그는 운이 좋은 것이지 무언가를 잘해서가 아니다. 왜냐하면 그는 당연히 점검했어야 할 초기 예방 조치를 무시했기 때문이다.

교훈은 이렇다. 이성이 연애에 관여하려면 가장 초기 단계에서 행동해야 하며, 그렇지 않으면 통제 불가 상태가 된다. 사려 깊은 생각과 의도를 통해 이성이 행동으로 이어질 수 있으며, 이는 측정하기 힘들 정도로 큰 가치를 발휘할 것이다.

이성은 어떻게 작용할까? 사랑이 시작하는 첫 순간에, 화약통이 즐비한 방에 성냥불이 닿기 전에, 청년은 자신에게 이렇게 말해야 한다.

"나는 그 소녀에 대해 생각하고 있어. 감정이 더 깊어지기 전에 진지하고 폭넓게 생각해보자. 그녀의 매력만을 꿈꾸는 것은 진지한 생각이 아니야. 거리를 두고 제삼자가 보는 것처럼 상황을 살펴보자."

그가 가져야 할 관심의 첫 번째 요점은 바로 이것이다. 모든 연애는 시작될 때부터 지속적으로 환상이 만들어지는 과정의 진행이다. 소녀는 자신이 최고로 빛나는 모습만 보여주고 최악의 모습은 숨긴다. 그녀 스스로도 어쩔 수 없이 나오는 행동이다. 종종 그녀는 무의식적으로 그럴 때도 있지만, 대체로 매우 의도적이다. 그녀는 기쁨을 주고 싶어 하며, 추앙받고 사랑받기를 열망한다. 이러한 행동은 상대방 청년을 구혼자로서 호의적으로 여기는지 여부와 상관이 없다. 소년은 이런 소녀를 전체적으로 보지 못하며, 그러려고 해도 쉬운 일이 아니다. 게다가 그녀의 개성 중에서 그가 신중하게 눈여겨본 부분조차도 흥분된 감정이라는 장밋빛 안경을 통해 비춰진 것일 뿐이다. 만일 그가 그녀와 결혼한다면 그는 분명히 얼마 가지 않아 환상이 점점 사라지는 걸 느낄 것이다. 그가 계속해서 환상을 키워왔기 때문이다.

게다가 청년 자신도 그 소녀와 마찬가지로 가장 좋은 점만 보여주고, 가장 나쁜 점은 숨겨왔다. 그러니까 양 당사자 모두 오해를 키워왔으며 환상이 깨지는 건 상호적인 작용이다.

청년들은 이 점을 숙고하여 자신의 열정을 적절하게 누그러뜨릴 수 있어야 한다. 또한 남녀 모두 결혼이라는 프로젝트에서 자신의 이익을 위해 '제삼자'가 되어보아야 한다. 이 점을 절대 잊지 말아야 한다. 응접실 발라드에도 불구하고, 사랑과 이성은 조화를 이뤄야 한다. 이 의심할 여지 없는 진리를 깨닫는 것만으로도 청년들이 열정을 억누르고 이성을 키워서 판단하는 데 큰 도움이 될 것이다.

첫 만남의 상황은 많은 것을 결정짓는다. 욕구에만 의존하는 경우, 참된 판단을 내리기가 훨씬 어려워진다. 연애 과정에서 이상적으로 보이는 소녀도 결혼이라는 일상 속에서는 전혀 다른 인물일 수 있다. (그리고 결혼은 대략 75퍼센트는 평범하고, 20퍼센트는 골치 아픈 문제들이 중첩돼 있으며, 겨우 5퍼센트 만이 흥겨운 축제 같다는 사실을 기억해라.)

소녀가 흥분하고 청년이 기뻐하는 상황에서 현명한 판단을 내릴 기회는 희박하다. 그럼에도 불구하고 청년은 세 가지 신호를 통해 판단할 수 있다. 만약 그녀가 분명히 쾌락을 추구하는 타입이라면 주의하라. 그녀는 평범한 결과에 실망할 가능성이 높다. 만약 그녀가 남자의 소비에 대해 무관심하다면, 이는 그녀가 이기적이거나 타인의 입장을 고려하지 못한다는 신호일 수 있다. 마지막으로 만약 그녀가 다른 여성들에 대해 부정적으로 이야기한다면, 그녀 역시 여성임을 잊지 마라. 어떤 젊은 남자가 이러한 여성 특유의 결점에서 자유로운 이상적인 상대를 찾았다고 생각한다면, 그 생각을 곧바로 접으라. 그런 여성은 존재하지 않기 때문이다. 모든 여성은 적게나 많게 결점을 가지고 있다. 만약 젊은 남자가 이를 인지하지 못했다면, 이미 여성의 본모습을 보기에 늦은 것일 수도 있다. 남성도 마찬가지다. (그렇다. 모든 남성 역시 남성 특유의 결점을 가지고 있다.)

사업 초기에 회의가 개최될 경우, 업계 상황에 맞춰 건전한 판단을 내릴 가능성은 상당히 커진다. 그러나 젊은 남성이 초기 단계에서 젊은 여성을 그녀의 집에서 만나려 할 때, 이는 간단하지 않은 과제가 될 수 있다. 게다가 만약 그녀의 가정 환경이 만족스럽지 않다면, 그녀가 그 환경의 영향을 받지 않았을 거라고 가정하지 말아야 한다. 그녀는 가정 환경에서 비롯한 결점을 가지고 있을 수 있다. 그런 비현실적인 가정을 하는 것은 그 청년이 그녀에 대한 합리적인 판단력을 상실했다는 분명한 신호이다.

어떤 상황에서든, 그 청년은 다소 어색함을 느끼더라도 평범한 상황이나 유혹의 순간에서 그녀의 본성이 어떻게 드러나는지 관찰해야 한다. 필요하다면, 이런 상황을 직접 조성해볼 수도 있다.

그리고 마지막으로 그는 자신이 이상적인 상대를 찾아낸

것이 아니라 누군가에게 이상적인 상대로 선택된 것은 아닌지 생각해봐야 한다. 그는 자신이 그 소녀를 선택하려 한다고 생각할지 모르지만, 사실은 그 소녀가 자신을 선택하려 한 것이다. 그는 자신이 능동적인 역할을 하고 있다고 생각할 수도 있지만 실제로는 수동적인 역할을 하고 있을 수도 있다. 남자와 여자의 본성은 남자가 여자를 선택하고 사로잡을 수 있는 것처럼 여자도 남자를 쉽게 선택하고 사로잡을 수 있다는 것이다. 소녀가 상당한 매력을 보여주고 물질적 조건 역시 따라준다면, 내 확고한 믿음으로 보았을 때 그녀는 자신이 원하는 거의 모든 남자를 쟁취할 수 있다. 그리고 이는 사회가 착한 소녀들의 품행으로 정한 규칙에서 조금도 벗어나지 않는다.

이 주장에 대해 반발하는 이들이 있을 것이다. 그리고 아마도 그 반발은 격렬할 것이다. 내가 이전에 약속했던 바와 달리, 위에서 제기한 주장들이 사랑의 순수함을 훼손하고 사랑을 냉정한 계산으로 전락시켰다는 비판을 받을 수 있지만, 그러나 본래 의도는 그렇지 않았다. 내가 강조하고 싶었던 것은 첫째, 처음 사랑이 시작될 때 그것이 통제 불가능하지 않다는 것과 둘째, 사랑이 통제 가능하며 개인과 사회의 행복을 위해 가능한 한 이성적인 안내를 받아 통제되어야 한다는 점이다.

나는 사랑을 인간 삶의 가장 위대하고 아름다운 현상으로 여기며, 그 영향력이 엄청나고 그 중요성을 넘어서는 것은 없다고 믿는다. 그러나 왜 정작 중요한 순간에 이성과 신중한 판단은 제 역할을 하지 못하는 것일까? 일부 사람들은 맹목적인 낭만에 자신을 맡기고, 일생의 행복을 위험에 빠뜨리는 것을 대단한 일로 여기는 것 같다. 그러나 나는 이러한 관점에 동의하지 않으며 그들이 정말로 그런 생각을 전적으로 믿는지 의심스럽다. 그저 감상적인 응접실 발라드의 영향을 받은 피해자로만 보인다.

물론 이성이 사랑의 모든 면에서 역할을 할 수 없음을 인정한다. 아무리 지적인 젊은이라도 단순히 이성만으로 마음의 운명을 완전히 정리할 수는 없다. 사랑을 수학적 방정식처럼 처리할 수도 없다. 그러나 이성이 적절한 시기에 발휘된다면, 재앙의 위험을 줄이는 데에 정말로 가치 있는 일을 단호하게 할 수 있다.

지금까지 주로 남성의 관점에서 이 문제를 다뤄왔다. 이로 인해 열성적인 페미니스트들로부터 날카로운 비판을 받을 수도 있으며, 어떤 이들은 내 주장을 결혼 준비 과정에서 남성이 여성의 요구를 무시하고 오로지 자신의 이익만을 위한 계산적인 접근을 하라는 것으로 해석할 수도 있다. 하지만 그것은 본래 내 의도가 아니다. 이곳에서 제시한 거의 모든 주장이 인생에서 중대한 결정을 내릴 때 여성에게도 마찬가지로 적용될 필요가 있다고 믿는다. 세부적인 몇 가지 변화를 고려한다 해도, 여성에게도 남성과 동일한 수준의 영향이 미칠 것은 명백하다. 남성이 주의를 기울여야 한다면, 여성에게는 그보다 더 신중한 주의가 요구된다.

어떤 사람들은 현대 사회의 상황이 남성과 여성의 관계를 근본적으로 변화시켰다고 말한다. 나는 바뀌긴 했지만 근본적인 변화까지 이르지는 않았다고 생각한다. 본질적인 사항들은 예전과 동일하게 유지되고 있다. 이제 여성은 스스로 생계를 꾸릴 수 있다. 스스로 생각할 자유를 포함하여 예전보다 폭넓은 자유를 누린다. 노처녀가 되는 것도 예전만큼 두려워하지 않는다. 단지 더 많은 일을 직접 할 수 있기 때문에 과거의 여성들보다 남성을 선택할 수 있는 자유의 폭이 더 커진 것은 사실이다! 그러나 여성은 남성만큼 생활비를 풍족하게 벌 수는 없다. 모든 새로운 자유에도 불구하고 아직 남성만큼은 아니다. 예전만큼은 아니지만 여전히 노처녀가 되는 공포 역시 남아 있다. 반면에 남성들은 과거와 마찬가지로 노총각이 될 가능성을 차분하게 고려한다. 중요한 사실은 처녀들이 여전히 총각들보다 결혼 생활을 훨씬 더 갈망한다는 것이다. 게다가 여전히 처녀의 숫자가 총각보다 더 많다.

여러 곳에서 제기되는 주장 중에는 여성들이 더 이상 결혼에 특별한 관심을 가지지 않으며, 가사노동과 자녀 양육보다 월급을 받는 일을 선호한다는 내용이 있다. 또 이러한 현상이 더 널리 알려지게 되면 결혼을 원하지 않는 여성의 수가 증가할 것이라는 의견도 있다. 하지만 이러한 주장은 내가 매일 직접 보고 경험하는 현실과 매우 다르다. 이는 현실을 제대로 보지 못하는 이들이 만들어낸 이상한 주장에 불과하다. 성별 간의 차이는 여전히 존재하며, 앞으로도 상당 기간 동안 계속될 것으로 보인다.

여성으로서 감당하는 불편한 진실

소녀들에게는 엄청난 이점이 있다. 남자들은 허락이 없는
한 그녀들에게 손을 댈 수 없다. 아름답거나 매력적인 소녀
가 추앙받기 위해서는 그저 존재하기만 하면 된다. 반면에
남성이 그런 대접을 받기 위해서는 무언가를 이루어야 한
다. 그리고 대부분의 결혼 생활에서 남편이 전적으로 재정
적 책임을 진다. 남편의 수입을 소비하는 데 있어서 아내의
책임은 남편이 돈을 버는 것보다는 덜 심각하다. 반면에 여
성은 엄청난 단점이 있다. 그들은 늙어간다! 대부분은 아니
더라도 많은 이에게 이는 진정한 비극이다. 다음 세대를 생
산하는 중요한 일에서 그들의 책임은 남성과는 비교할 수
없을 정도로 무겁다. 또한 결혼 전의 재정적 독립이 어느 정

도로 이루어졌든, 일반적으로 결혼 후에는 그 독립성이 의미를 잃는다. 아예 무력한 것보다는 조금 나은 정도다.

전체적으로는 여성이기 때문에 장점보다는 단점이 더 크다고 생각한다. 내 생각에 여자들은 인생 대부분의 시간을 남자들보다 더 힘들게 보낸다. 나는 자신이 여자로 태어나지 못한 것을 진심으로 후회하는 남자를 아직 만나본 적이 없다. 그러나 자신이 남자로 태어나지 못한 것을 후회하는 여자들은 많이 만나봤다.

마지막으로, 결혼은 언제나 속박이다. 즐거울 수도 있고, 때로는 독특한 만족감을 줄 수도 있다. 하지만 여전히 구속감을 주고 때로는 공포스러울 때도 있다. 그리고 거의 변함없이 남편보다는 아내에게 더 속박의 효과가 강하다.

따라서 우리는 세 가지 결론에 도달한다. 처녀들은 남자보다 결혼을 더 원한다. 수적으로 더 많기 때문에 남성보다 선택의 폭이 제한적이다. 그리고 재정적 의존성과 어머니로서의 책임 때문에 실패한 결혼은 아내에게 더 심각한 부담으로 이어진다.

그러므로 애정이 시작될 무렵 여성은 남성보다 즉각적으로 차가운 이성을 발휘해야 한다. 애정이 발전하기 전에 여자가 남자보다 덜 계산적인지의 여부에 대해서는 의심스럽지만, 그러나 일단 여자가 애정에 한번 사로잡히면 남자보다 더 헌신적이고, 더 희생적이며, 더 많은 슬픔을 겪을 수도 있다고 나는 확신한다.

남성에 관해 여성에게 일반적인 조언을 시도하는 것은 터무니없는 일이기는 하다. 취향은 무한히 다르며 결혼에는 주로 두 사람에게만 관련된 이해할 수 없는 신비가 숨어 있기 때문이다. 누구도 특정 남자가 특정 여자에게 만족스럽지 않을 것이라고 확실하게 예측할 수 없다.

그러나 한 가지 일반적인 주장을 할 수는 있다. 친구가 없는 남자를 조심하라. 이런 남자들은 종종 여자들을 기쁘게 한다. 마치 최면을 거는 것처럼 여자들을 절대적으로 매료시키며 여자들을 황홀경에 빠뜨릴 정도로 사랑받는 기분을 선사한다. 그러나 그것은 결코 오래가지 않는다. 엄청난 대가를 치르면서 남성에 관한 일반적인 판단이 옳다는 것을 깨닫는 순간이 여성에게 반드시 온다. 이 규칙에는 예외가 있을 수도 있지만, 나는 그런 예외를 목격한 적이 한 번도 없다.

다른 일반화에 대해서는 언급하지 않겠다. 이 문제와 관련해 할 수 있는 모든 주장은 결국, 이성이 사라질 때까지 맹목적으로 돌진해서는 안 된다는 모호한 경고로 귀결된다.

기이하고 거짓된 수치심은 궁극적으로 서로 결혼할 생각을 마음속에 품은 남자와 여자의 현실적인 관계에 부정적인 영향을 미친다. 그리고 여자는 남자보다 이런 거짓된 수치심을 더 많이 가지고 있다. 대개 서로의 대화는 진지하기는커녕 피상적일 뿐이다. 중요한 문제에 대해 합당한 호기심을 표현해야 함에도 우아한 척하며 피한다. 여자는 남자의 재정 상태뿐만 아니라 건강과 취향, 특히 그의 성향에 관해 알아야 한다. 왜냐하면 남자가 여자에게 영향받기보다는 여자가 남자의 성향에 따라 삶의 방향이 좌우되는 경우가 많기 때문이다.

사회적 교류 없이 유용한 정보를 얻는 것은 불가능하지만, 실제로 얻어지는 정보의 양이 적다는 사실은 놀라우면서도 유감스러운 일이다. 세상에서 가장 중요한 계약을 체결하는 많은 커플이 가구 선택이나 연극 관람 같은 취미 활동에 대한 선호를 제외하고는 서로에 대해 별로 알지 못한다. 심지어 외출을 하거나 가구를 구매할 필요가 없다면, 그들은 서로에 대해 그마저도 알지 못할 것이다. 이러한 상호 간의 무지에 대해 남성보다 여성에게 조금 더 책임을 묻고 싶다. 그 이유는 특히 관계를 맺기 시작하는 초기 단계에서는 관계가 주로 여성에 의해 주도되며, 이후에는 전통적인 역할에 따라 여성의 요구가 뒤로 밀리게 되기 때문이다. 또한 어떤 상황에서든 여성이 남성보다 침착한 태도를 유지할 가능성이 더 높기 때문이다.

일단 결혼이라는 선택이 이루어지고 계약이 성립되면, 젊은 여성은 사랑 이외에 결혼 생활의 성공이나 실패에 중대한 영향을 미칠 수 있는 다양한 요소들을 심사숙고해야 한다. 결혼은 단순한 감정의 연결, 그 이상의 것이기 때문이다. 청년은 약혼자로 받아들여지기 전에 자신의 모든 카드를 테이블 위에 올려놓아야 한다. 그는 아내와 가정을 만족스러운 방법으로 부양할 수 있는 능력을 합리적으로 입증해야 한다. 그가 이를 입증할 수 없다면 나중에 반드시 문제가 생긴다. 그는 부유하고 편안한 환경에 익숙한 소녀를 무능력한 자신의 품으로 이끌려는 의도가 무엇인지에 관해 답할 수 있어야 한다. 만약 그 커플이 서로 또는 묵시적으로 합의했다면, 젊은 남자의 어머니가 사람을 보내 그 젊은 여자에게 이렇게 말하는 것을 가정해보라. "내 아들과 결혼하고 싶다면, 너는 가정을 관리하고 자녀를 양육할 수 있어야 해. 그리고 내게 가정의 질서 유지, 하인 관리, 식재료를 알뜰하게 구매하는 것, 맛있는 음식을 준비하는 것, 방 정돈, 시간 관리 등등 여러 면에서 능력을 증명해야 해."

이 말을 듣고 당연히 그 젊은 여자는 깜짝 놀랄 것이다.

그러나 그녀에게 놀라움을 표현할 권리는 없다. 많은 소녀들이 자주 저지르는 오류는 남성이 결혼 생활에서 필요한 여러 가지 요소를 제공하기를 기대하면서 자신들도 이

행해야 할 책임과 의무가 있다는 사실을 잊어버리는 것이다. 소녀들은 종종 자신의 마음을 주었다는 이유만으로 결혼이라는 상호 교환에서 요구되는 모든 것을 충족시켰다고 착각하기 쉽다. 하지만 결코 그렇지 않다.

사랑은 엄청난 힘이지만, 사랑만으로는 충분하지 않다. 아내가 된다는 건 하나의 직업을 갖는 것이다. 배움이 필요하고 숙련된 기술이 필요한 직업 말이다. 사랑이라는 관계 속에 있는 동안 젊은 여성은 물질적이고 세속적인 일에 더 많이 관여해야 한다. 그리고 원하는 만큼 기계적인 가사 노동의 효율성과 실용성, 배우자에 대해 얼마든지 불평을 늘어놓을 수 있다. 시간과의 싸움에서 사랑을 지지하고 보존하는 데에 이만한 것이 없다.

시대의 흐름은 이성적인 결혼을 지향한다. 바람직한 방향이다! 물론 이성 간의 열렬한 구애도 여전히 필요하고 말이다.

6장

결혼하기 전에 알아야 할 것들

결혼은 가장 현실적으로 판단해야 한다

인간이 하는 모든 일 중에 결혼이 가장 중대하며, 당사자의 삶에 커다란 영향을 미친다. 매우 강력한 개성과 온화한 애정을 지닌 자기중심적인 남자가 보잘것없는 여자나 "알았어, 자기"라는 말만 되풀이하는 살아 있는 인형 같은 여자와 결혼한 후, 자신의 경력이 이에 영향을 받지 않고 계속 발전할 수 있다고 주장하는 경우가 있다. 그러나 그런 경우에도 그 영향을 추측해볼 수 있다.

남성 대부분에게 결혼은 지속적이고 역동적인 큰 변화를 가져온다. 동시에 결혼하는 거의 모든 여성은 이를 통해 자신의 운명과 깊게 연결된, 개인적이자 사회적인 큰 업적을 이루게 된다. 이러한 관점은 결혼이 개인의 정체성과 사회적 역할을 깊이 있게 재정의하는 중대한 사건임을 의미한다. 여성에게 결혼보다 더 중요한 사건은 단 두 가지로, 하나는 자신의 의지와 무관한 탄생이고 다른 하나는 거의 통제할 수 없는 죽음이다. 이러한 주장은 흔하게 들리지만, 여성을 비롯해 어떤 사람들은 본능처럼 무심코 결혼하는 듯하다.

결혼이라는 과업의 엄청난 심각성과 어려움을 처음부터 완전히 깨닫는 사람은 아무도 없다. 어쩌면 아무도 그럴 수 없다는 게 다행일 수 있다. 그렇지 않다면 결혼 비율이 처참하게 감소하고, 조직으로서 사회는 가장 비관적인 예언자들이 선언했던 것보다 훨씬 더 빨리 파멸할 테니 말이다. 실제로 그 중요성에도 불구하고 결혼을 항상 지나치게 심각하게 다루어서는 안 된다.

다음과 같은 생각을 항상 떠올리는 부부를 상상해보라. "우리는 매우 민감하고 복잡한 상황에 직면해 있어요. 우리의 일상적인 행동 하나하나가 심각한 결과로 이어질 수 있는 무게를 지니고 있죠." 그렇다면 행복해야 할 한 쌍의 커플이 어떤 가정을 이루겠는가! 우리가 아는 결혼은 매우 이상한 결과로 이어질 수 있으며, 실제로 그런 경우도 종종 있지만, 전체적으로는 이를 바로 잡기 위한 제도가 작동한다. 더 잘 작동해야겠지만 작동은 한다. 그리고 사회의 더딘 발전과 함께 천천히 발전해왔기 때문에 효과가 있다. 이러한 제도는 대체로 현재의 사회 진화 단계에 맞추어졌고 또 적합하다.

나는 결혼 제도는 잘못된 것이고, 결혼은 노예 시스템이고, 재앙이고, 비극이고, 지옥이며, 결혼이라는 제도에 대해 즉시 어떤 조치를 취해야 한다고 외치는 사람들에게 공감하지 않는다. 그런 폭력적인 외침은 대개 결혼 생활에서 자신에게 책임이 있든 없든, 심각한 불행을 겪은 사람들에게서 나온다. 어떤 제도라도 소수의 실패로 인해 비난받는 것은 공정하다고 볼 수 없다. 다수를 위한 정의는 필연적으로 일부에게는 불공정하게 느껴질 수 있다. 마치 일부의 파산 없이는 금융 시스템을 상상하기 어려운 것처럼 결혼 제도 역시 마찬가지다.

일부 불만을 들어보면 인간이 만든 제도 중 결혼만은 완전하지 않을 바에야 사라져야 한다고 생각하는 사람들이 있는 것 같다. 결혼한 지 20년 된 100명의 남성과 여성에게 다음과 같은 간단한 질문을 해보자. "후회합니까?" 남자 중 채 10명도, 여자 중 채 5명도 그렇다고 솔직하게 말하지 못할 것이다. 그리고 이 속에 공정한 결론이 들어있다. 그렇다! 나는 결혼이 가장 용감한 이들을 겁주는 시련이라는 이론에 동의하지 않는다. 결혼은 어느 정도 믿음의 균형점을 이룬 제도다. 그리고 이는 인간의 총명함이 이룩한 업적 중 상당히 높은 순위를 차지할 자격이 있다.

그럼에도 불구하고, 결혼과 함께 오는 도전들을 직면해야 한다. 평균적인 상황은 대체로 다음과 같다. 먼저 이 중대한 과업에 참여하는 이들은 갑작스럽게 극도로 친밀한 관계에 놓이게 된다. 이러한 상황은 삶의 기술과 인내를 크게 요구하며, 특히 그러한 친밀함을 경험해본 적 없는 두 사람이 서로 협력해야 하는 경우에는 더욱 그렇다. 흥분과 만족이 함께하면서도 극도로 조심스러워야 하는 허니문에 대해서는 아무 말도 하지 않겠다. 이 기간에는 두 명의 순진한 사람들에게 대개 매우 놀라운 감정적 폭풍이 몰아친다. 사실 허니문은 시작할 때보다 더 나쁜 상황으로 끝나는 경우가 드물지 않으며, 이를 회복하는 데 꽤 오랜 시간이 걸릴 수도 있다.

100번의 사례 중 한 번이라도 그러기는 힘들겠지만, 일단은 허니문이 이상적이었다고 가정하고 이야기를 이어가겠다. 허니문이 끝나면 이 미숙한 초보들은 가구와 비품이 채워진 집에, 두 명 모두에게 낯설기만 한 분위기 속에 있는 자신들을 발견하게 될 것이다. 결혼함으로써 이들은 필연적으로 다양한 새로운 관습에 직면하게 된다. 이 관습들은 중요하면서도 사소하고, 위험하면서도 안전하며, 기분을 좋게 하면서도 힘들게 하는 다양한 특성을 지닌다. 모든 것이 변화하는데, 음식조차도 예외가 아니다. 잘 들어맞지 않고 삐걱대는 가정의 전체 체계를 다루는 일은 자체적으로 큰 도전이며, 능력 있는 부부라 할지라도 최선을 다해야 할 일임이 분명하다. 그러나 이 모든 것은 친밀감을 키우는 과정이라는 도전에 비하면 작은 일일 수 있다. 게다가 서로 친밀한 관계보다는 상대방을 어느 정도 아는 사이가 이러한 도전을 더 잘 극복할 수 있다. 가정은 친밀감에 반응하여 기능하고, 반대의 경우도 마찬가지이다. 가정 내에서 일어나는 일은 친밀감에 영향을 주고 받는다.

문득 남자는 아침에 먹는 토스트가 질긴 가죽처럼 맛이 없다는 사실을 발견한다. 글쎄, 누군가는 토스트가 가죽 같다고 차분하게 인정할 것이고 그저 그런 것이라고 받아들일 것이다. 하지만 극단적 친밀감의 상태에서 식탁 위에 놓인 신발 밑창 같은 토스트는 마음에 미묘한 독을 뿌린다. 평범한 상황에서는 이런 문제를 가볍게 넘길 수 있지만, 친밀한 관계에서는 마음에 불편함을 남기고, 이는 점차 큰 문제로 발전할 수 있다. 결국, 모든 것이 친밀감과 연결되어 작은 불만조차도 불안의 원인과 결과로 확대 해석될 수 있다.

친밀한 관계에서는 사소한 것이라고 여겨지는 것조차 중요한 의미를 갖는다. 모든 상호 작용이 최선의 노력을 반영

하며, 평소 스트레스를 완화해주던 개인의 공간이나 프라이버시는 이제 더는 존재하지 않는다. 이때 어리석은 사람은 상대방에게 이렇게 말할 수 없다.

"저기, 곰곰이 생각 좀 해보고 마음을 추스르고 싶어. 혼자서 산책을 좀 해야겠어."

이런 선언은 연약한 가정에 지진이 일어나는 것과 같다. 그렇게 프라이버시의 부재로 인해 불완전하게 숨겨진 음울함이 모습을 드러낸다.

두 사람 모두 서로 사랑함에도 불구하고, 서로에 대해 음모를 꾸미고 있다. 두 사람은 각자 자신에게 이렇게 말한다.

"내 배우자는 멋진 사람이고, 나는 그를 사랑해. 하지만 깊은 지혜와 삶의 지식, 실용적인 기술에 있어서는 내가 그보다 나은 것 같아. 그래서 나는 내 이익과 그의 이익을 위해 내 의견을 강하게 주장할 거야. 그리고 어찌 되었든 나는 가면을 쓸 거야. 난 분명 천사이기도 하고 사탄이기도 한 것 같아."

이 상황에서는 서로를 완전히 이해할 수 있는 환경도, 도움이 되는 경로도 전혀 존재하지 않는다. 독자들은 내게 인간 본성에 관해 냉소적이라거나 비관적이라거나, 방금 설명한 기만적 행위가 사랑이 지배하는 곳에서는 결코 발생할 수 없다고 말하지 마라. 이는 언제든 최악의 형태로 일어날 수 있다. 실제로 엄격하게 권력이 제한된 상황을 제외하고는 사랑이 지배한다고 볼 수 있는 경우는 매우 드물며, 이는 최악의 형태로 나타날 수 있다. 또는 다르게 표현하자면, 사랑은 군림할 뿐 통치하지 않는다.

그리고 가장 큰 어려움은 무섭도록 설명하기가 어렵다. 앵글로색슨 계열의 전형적인 결혼에서는 대부분 양측 모두 실제로 사랑에 빠져 있다. 감정의 강도는 다를 수 있으나, 그들 사이에는 분명히 사랑이라는 감정이 존재한다. 이러한 상태는 때때로 그들로 하여금 더 까다로운 요구를 하게 만든다. 일반적으로 서로에 대한 요구가 덜 까다로울수록 상황은 더 단순해진다. 그러나 이전에 언급한, 사랑이 판단을 흐리게 하는 폐해가 여기서는 문제가 된다.

얼마 전, 인생 경험이 적지 않은 서른 살 남성이 자신이 방금 약혼한 여성을 신중하고 공정한 판단을 통해 세상에서 가장 훌륭한 여성이라고 묘사했다. 그는 자신을 포함한 세상의 어떤 남성에게도 그녀는 너무도 과분한 존재일 거라고 강조했다. 나는 그의 의견에 반대하는 무모한 행동을 하지 않았다. 또 그의 생각에 동의하지 않았음에도, 그 어떤 여성도 '세상에서 가장 훌륭하다'고 평가할 수 없으며, 그가 특정 여성을 과대평가하고 자신을 과소평가하고 있다는 말도 하지 않았다. 나의 반대 의견은 아마도 효과가 없었을 것이다. 그런데 얼마 지나지 않아 이야기 속의 그 여성도 직접 나에게 그 남성에 대해 비슷한 방식으로 표현했다.

아름답고 감동적인 환상으로 눈이 먼 사례가 그리 드문 것도 아니다. 대부분 결혼이 시작될 때는 어느 정도의 환상이 존재한다. 마땅히 그 시점에는 환상이 있어야 한다는 이야기도 옳다. 환상은 괜찮다. 나 역시 이것이 바뀌어야 한다고 주장하는 건 아니다. 하지만 그러한 환상이라는 장애를 안고 함께 살기 위한 엄청난 모험을 떠나는 두 사람이 겪을 곤경을 상상해보라. 만약 환상이 영원히 지속된다면 모든 것이 괜찮을 것이다. 하지만 그렇지 않다는 걸 모두가 알고 있다. 환상은 사랑이라는 감정이 원인이며, 아주 드물고도 기적적인 경우를 제외하고 그 감정은 영구적이지 않다. 참으로 놀랄 만큼 빨리 사라지기도 한다. 나는 사람들이 평생 서로를 확고히 사랑할 수 없거나, 사랑하지 않는다고 주장하는 것이 아니다. 그러나 10만 명 중 단 한 명도 일정 기간 이상 '사랑의 열병에 빠진' 상태로 남아 있는 경우는 없다.

사랑에 빠진다는 것은 열정을 수반하며, 격한 감정은 한순간이고, 또 그래야만 한다. 열정은 평범한 애정으로 식어가고, 때로는 완전한 무관심으로 가라앉는다. 또 드물지 않게 혐오감으로 변하기도 한다. 이러한 진실은 결코 유쾌하지 않다. 그러나 이는 진실이고 이를 직시하기를 거부한다면 감당하기 힘든 불행이 닥칠 수도 있다.

무슨 일이 일어나든 배우자의 천사 같은 성격에 관한 첫 번째 환상은 확실히 사라질 것이다. 진실은 드러나고 객관적 판단이 승리할 것이다. 커플이 서로를 초연한 관찰자가 되어 바라보게 될 날이 반드시 밝아와야 한다. 다행히도 환상이 사라지는 과정은 점진적으로 이루어질 것이다. 그러나 단계적으로 확고하게 진행된다. 그리고 이는 당사자들이 예상하지 못했던 어려움에 처음 직면했을 때, 그리고 미리 준비했어야만 했던 특별한 자원이 필요할 때 시작된다는 사실을 기억해라. 결혼을 찬양하는 모든 말을 쏟아낸 후에라도, 결혼에는 만만치 않은 곤경이 뒤따른다는 사실을 배워야 한다.

부부는 다가오는 새로운 곤경의 심각성과 횟수에 놀랄 것이다. 결혼 생활이 다른 어떤 존재 방식보다 더 낭만적이지 않다는 사실, 실제로 당황스러울 정도로 지루하고 따분할 수 있다는 사실을 발견하고 슬픔을 느끼고 아마도 낙담할 것이다. 또 결혼 생활에 수반되는 물질적, 도덕적 책임이 막대하다는 걸 스스로 인정하면서 몸을 떨게 될 것이다. 그런 이후 수면 아래 있던 혼란의 위기가 닥쳐왔을 때 배우자에게 가졌던 황홀했던 환상이 서서히 사라지는 것에 몹시 괴로워할 것이다!

그들은 완벽한 배우자를 꿈꿨거나, 세부적인 몇 가지 사소한 부족함만을 가진 거의 완벽한 배우자를 원했다. 그들만의 독특한 배우자, 천사장처럼 기다리는 배우자가 그들의 계획에 꼭 필요했다. 배우자가 특별하지 않다고 여겼다면 결코 결혼에 이르지 않았을 것이다. 그러나 결국! 배우자는 세부 사항을 포함해 여러 면에서 완벽하지 않다. 근본적으로 불완전하며, 특별하지 않고, 다른 누구와도 다르지 않다. 오히려 모든 사람과 비슷하다. 이런 결론은 실망스러울 수밖에 없을 것이다.

나는 평범한 결혼 생활을 하는 배우자들의 마음속에서 일어나는 심리적 드라마 전체를 묘사하려 한 적이 없다. 그것은 이 책에서 다룰 범위를 훨씬 벗어난다. 대신]그들의 경험 속 어두운 부분에만 초점을 맞추었다. 결혼이라는 제도의 전반적인 분위기는 훨씬 더 가볍고 유쾌하다. 평균적 결혼 생활은 결코 환멸이 가득한 불안정한 비극이 아니다. 다만 평균적 결혼 생활에서 발생할 수 있는 최악의 상황이 필요 이상으로 훨씬 더 실망스럽고, 따분하고, 지루하며, 단조로울 수 있다. 그리고 내가 그 내부에 있는 어떤 불리한 요소들만 거론한 이유는 그런 관점이 결혼 생활을 더 행복하게 만드는 가장 효율적 수단일 수 있기 때문이다.

강렬한 개성은 힘의 불균형을 만든다

결혼 생활 중에는 종종 한쪽 파트너가 다른 쪽에 자신의 의지를 강요하기 시작하는 경향이 있다. 권력 불균형의 원인은 다양하며 금융 통제, 성격의 공격성, 건강 상태 등이 포함될 수 있다. 그러나 대부분의 경우, 개인의 성격 기질이 주된 요인으로 작용한다. 예를 들어 경제적으로 남편에게 의존하는 아내가 도덕적 기준을 앞세워 남편을 지배하는 상황을 생각해볼 수 있다. 일반적으로는 물질적인 것뿐만 아니라 도덕적인 힘에서도 남편이 더 강하다. 어떤 상황에서든 마치 물이 아래로 흐르듯, 두 당사자 중 한쪽이 우월한 위치를 차지하게 될 것이다. 이는 어떠한 것도 막을 수 없는 자연스러운 과정이다. 그리고 각 당사자는 이러한 현상을 받아들일 것이다.

그렇다고 열세에 있는 당사자가 그러한 역할을 기꺼이 받아들이거나 선호하는 것은 아니다. 그 반대의 경우가 일반적이다. 다툼이 발생하고, 그런 다툼은 사랑에 해롭다. 이 싸움에서 우월한 쪽이 현명하다면, 열세에 있는 상대방의 사랑을 이용하여 불공정하게 두 사람 사이의 일을 처리하지는 않을 것이다. 그런 행위는 비열하게 이점을 취하는 부당한 것이다. 그리고 불공정하다는 느낌만큼 사랑을 파괴하는 것은 없다. 당연히 열등한 당사자도 불공정한 행위를 할 수 있고 우월한 상대방의 사랑을 이용할 수도 있다. 그러나 일반적으로는 불공정한 일은 더 강한 배우자의 성급함에서 비롯된다. 그는('그녀'를 포함해서) 자신에게 이렇게 말할 것이다.

"그 사람은 나를 사랑하니까 나에게 굴복하고, 변함없는 자세로 나를 따를 거야. 어떤 상황에서도 나는 그에게 확신이 있어."

그런데 이런 상황이 정말 괜찮을까? 한동안은 괜찮아 보일 수도 있고 실제로도 괜찮을 수 있다. 그러나 사랑은 모든 종류의 충격을 견딜 수 있음에도 불구하고, 충격 하나하나마다 약해지기 마련이다. 그리고 '잊다'라는 단어의 일반적인 의미 그대로 기꺼이 그리고 적극적으로 잊힌다. 그런데도 일단 뇌가 받아들인 것은 완전히 지워지거나 깨끗이 사라지지 않는다고 과학은 충분히 입증했다.

사랑이라는 감정이 가라앉으면 상대방에 대한 좋지 않은 감정이 영락없이 되살아날 것이며 이미 약해진 사랑은 이를 상쇄하지도 못할 것이다. 불공정에 대한 불쾌감이 마음에 몹시 사무친다. 그리고 사랑에 빠진 사람은 감정의 대상에 대해 가장 특별한 환상이나 망상을 가질 수 있지만, 그럼에도 이성은 어딘가에 그 대상에 대한 객관적인 판단을 보관하고 있다. 사랑이 쇠퇴하면서 환상이나 망상에 충분한 양분을 제공하지 못하게 되면, 마음속 깊은 곳의 위험한 서랍이 열리고 그 속에 숨겨진 내용이 드러난다. 모든 것이 마음속으로 되돌아오며, 그 결과는 잔잔한 애정이 아닌 무관심이나 혐오로 나타날 수 있다.

모성애를 포함한 모든 사랑은 이 특이한 이중 능력을 지니고 있다. 모성애의 마음속에는 숨겨진 비밀이 있어 누구보다도 공정하게 불공평함을 평가한다. 어머니는 불공정해 보이는 행위에도 진정으로 영향을 받지 않으며, 아들의 이익을 위해서라면 그런 문제는 크게 문제되지 않는다. 어머니의 사랑은 대체로 순수하고 이기적이지 않으며 영원하다. 하지만 부부 사이의 사랑에 대해서는 같은 말을 할 수 없다. 이러한 사랑은 때때로 잘못 다루면 쉽게 시들어버리는 꽃과 같다. 모성애는 신뢰할 수 있는 반면, 부부 간의 사랑은 그렇지 않다. 이 진리를 인식하는 것이 성공적인 결혼의 기반 중 하나이다.

빈곤 속에서 행복은 유지되지 않는다

이제 남편의 특별한 역할을 살펴보자. 남편의 첫 번째이자 주된 의무는 가정에 아내가 합리적으로 기대하는 규모의 또는 자신이 기대하게 만든 규모의 물질적 생계 수단을 제공하는 것이다. 내 생각에는 이보다 더 중요한 것이 없다. 그리고 결국에는 이 외에 그 어떤 것도 부부 간 결합의 행복이나 불행과 더 밀접한 관계가 있는 것은 없다. 극심한 가난 속에서 사랑과 행복이 살아남는 경우는 거의 없다. 만약 아내가 기만당하고 희생당하는 걸 뭐라고 표현하든, 개의치 않는 천사라면 그럴 수 있다. 남편이 생계를 위한 물질적 기반을 제공하지 못함으로써, 그는 혼인 계약을 분명하게 위반했다. '혼인 신고'는 법적 문서를 넘어서는 깊은 의미를 지닌다. 남편이 "나는 이미 우리가 오랫동안 가난할 수밖에 없다고 아내에게 경고했고, 그녀는 어떠한 반대도 하지 않았어."라고 말하며 이러한 상황을 변명하려 시도해도 역시 받아들여질 수 없다.

이런 이야기를 들려줘도 사랑에 빠진 소녀는 좀처럼 물러서지 않을 것이다. 부분적으로는 그녀가 그 심각성을 이해하지 못하거나 믿지 않기 때문이고, 또 부분적으로는 사랑 자체와 너무 깊은 사랑에 빠져버렸거나 오만한 믿음을 간직하고 있기 때문이다. 10년의 극심한 빈곤이 남편에게는 상처를 입히지 않을 수 있어도 아내에게는 아니다. 그 10년은 아내의 생애에서 가장 좋은 세월이 되어야 하며, 그렇지 않고 빈곤한 세월이었다면 그녀는 그 시기 동안 물을 빼앗긴 꽃처럼 시들어버렸을 것이다. 그녀는 용감한 얼굴을 하고 있을지도 모른다. 그러나 "미리 알았더라도 결혼했을까?"라는 질문에 대해, 그녀가 마음속으로 아니라고 결론 짓지 않았다는 확신은 할 수 없다.

남편이 이런 말로 변명하는 것도 역시 공정하지 않다.

"나는 화가, 작곡가, 변호사가 될 거야. 당신이 기다려만 준다면 꼭 성공할 거야."

남편의 성공은 아내에게도 유리하게 작용할 테지만, 그 유리함의 정도가 남편만큼 크지는 않다. 아내의 성공과 남편의 성공은 연결되어 있긴 하나 같지는 않다. 아내는 남편의 성공에 기여하기 위해 너무 큰 희생을 치러야 할 수도 있다. 그 기간이 길어질수록 희생은 더 커진다. 남편 역시 자신을 희생하지만, 이는 훨씬 더 쉽다. 결국 자신을 위한 것이고 성공하면 남편이 영광을 얻기 때문이다. 아내는 단지 그 영광이 반영되는 정도다. 보상은 불평등하며 아내에게는 잔인할 정도로 불공평할 수 있다.

남편이 자신의 목표를 달성하기 위해 아내를 부당한 궁핍과 고통에 빠트린다면, 이는 사회적 범죄에 해당한다. 만약 그가 가능한 한 빨리 자신의 목표를 포기하고 아내에게 안정을 제공하기 위해 노력했다면, 그의 행동에 대한 평가는 달라질 수 있다. 이는 개인적 성공보다 더 중요한 가치가 있다. 남편에게는 가족에 대한 책임이 있으며, 자신만을 생각하는 것으로는 아내뿐 아니라 자신의 삶을 행복하게 만들 수 없다.

다시 말하지만, 결혼에 대해 널리 받아들여지는 원칙 중 하나는 '유지하고 싶은 대로 시작해야 한다'는 것이다. 내 생각에 더 나은 원칙은 이것이다. "시작한 대로 유지해라." 이는 두 배우자 모두가 노력해야 하지만 아마도 아내보다는 남편이 더 지켜야 하는 원칙이다. 자기 실현에만 열중하는 남편은 또 다른 맥락에서 다음과 같은 주장을 하기 쉽다.

"어쨌든 이제 그녀는 내 거야. 나는 그녀를 가졌어. 이제 나는 그녀에게 신경을 그만 쓰고 안전하게 내 일에만 집중할 수 있어."

그런 추론은 결코 올바르다 말할 수 없지만, 바깥에서 존경받는 남편이 빠져들기 꽤 괜찮은 주장이다! 그리고 실제로 그것은 진실이 아니다. 물질적으로 그의 것은 그 자신뿐이다. 그는 그녀와 관계를 맺었을 뿐이다. 그러나 더 깊은 의미에서 그녀는 그의 것이라 할 수 있지만 이는 그가 그녀를 지키기 위해 신경을 쓰고 수고를 아끼지 않는 한도 안에서만 성립한다. 남편과 아내는 아내가 남편의 것으로 남아 있지 않겠다고 마음먹은 뒤에도 결혼 생활을 유지할 수 있다. 여자는 일주일에 한 번 정도는 사랑을 확인받아야 한다. 존재의 안정감을 얻기 위해 사랑을 확인받아야 하는 중요성이 여자에게는 90퍼센트 이상이고 남자에게는 50퍼센트 이하일 것이다.

그리고 영원한 관계는 주로 끊임없이 외적 치장에 관심을 가짐으로써 달성된다. 아내도 남편과 마찬가지로 본질적인 것에 감사할 수 있지만, 확실히 남편보다는 외적인 치장에 더 마음을 의존한다. 이는 그녀의 잘못이 아니다. 바뀔 수 없는 여자의 본성이며 조금도 비난받을 만한 것이 아니다.

남편이 작은 일에도 아내를 무시하는 것은 범죄에 가까

운 부주의다(반면에 사회의 소외된 사람들에 대해서는 깊은 관심을 과시한다)! 말하지 않는 혀, 웃지 않는 입술, 반짝이지 않는 눈, 포옹하지 않는 팔은 거의 모든 아내에게 쓸모가 없다. 그녀들의 사랑은 남편의 사랑이 조그맣게라도 표현될 때 자양분을 얻는다. 아내는 대개 열 명의 자녀를 둔 이후에도 여전히 소녀로 남아 있다. 이를 잊어버린 남편은 결혼 생활을 계획대로 시작한 것도 아니고, 시작한 대로 유지하는 것도 아니다. 뒤틀린 가치관을 가진 무식한 사람이자 존재의 절반을 눈에 보이지 않는 사각지대에 방치한 사람이다.

더 나아가 다른 일에는 훌륭한 남편도 점차적으로 건강을 무시하는 경향으로 빠져들 수 있다. 이는 잘못된 것이다. 그렇게 완고한 자세를 유지하다 보면 건강이 나빠질 수 있다. 이런 결과까지 내버려두는 그는 가히 죄인이다(대의, 직업, 이상에 대한 헌신은 자랑스럽게 여긴다). 건강과 관련된 사소한 문제에도 신경을 써라.

집안일을 대하는 아내의 자세

아내의 역할에 관해서라면 그 물질적, 실천적 측면은 논할 필요도 없다. 남편이 돈을 잘 버는 사람이어야 한다는 것은 내가 약혼에 관한 내용에서 지적한 것처럼 아주 당연한 것으로 받아들여지고 있으며, 아내가 숙련된 가사 전문가여야 한다는 것도 마찬가지로 분명하다. 불행하게도 아내가 되기 위한 준비를 규정하는 일반적 기준이, 아직까지는 아내가 숙련된 가사 전문가여야 한다는 것까지밖에 다다르지 못했다. 오늘날에도 아내들의 50퍼센트 이상이 가사전문가로 불릴 만큼 숙련되어 있는지는 의심스럽다. 나는 그녀들 중 일부가 정말 아마추어에 그치는 주부라는 것을 알고 있다. 그리고 누구도 여기에 크게 신경을 쓰는 것 같지 않다.

남편은 불만이 있더라도 거의 말을 하지 않는다. 일반적인 풍토가 그의 말을 막는다. 그리고 이상하게 불만을 갖지 않는 경우도 많다. 남편은 전문적인 가사 관리에 익숙하지 않거나 본 적이 없어서 무엇을 의미하는지조차 모르기 때문이다.

집 안을 잘 관리하지 못하고 가사를 망치는 아내가 언젠가는 낙제점을 받고 사기꾼으로 평가받는 날이 올 것이다. 경제적으로 살림을 관리하고, 영양이 풍부한 식단으로 식욕을 돋우고, 청결하고 우아하게 가사를 관리하는 건 천재만이 할 수 있는 일이 아니다. 평균적인 두뇌와 학습 의지를 가진 여성이라면 누구나 할 수 있다. 실제로 춤을 잘 추는 것보다 더 어려운 일도 아니다. 한편 오늘날 춤을 잘 추지 못하는 여성은 (당연하게도) 얼굴을 붉히며 부끄러워한다. 효율적인 가사는 부부 행복의 또 다른 뿌리이며, 따라서 아내의 역할은 매우 중요하다.

그러나 가장 중요한 부분인 것은 아니다. 아내의 역할이 단지 물리적인 가사 관리자의 역할에만 머물 수는 없다. 그런데도 자신이 전문적인 가사 관리자임을 아는 아내들은 자신의 숙련된 스킬이 너무나 자랑스러워서 다른 부분은 신경 쓰지 않는 경우가 많다. (그들은 때때로 너무 자랑스러워서 그저 남편을 가정의 장식품이라고 여길 정도다. 그리고 남편은 무자비한 노동의

굴레에 갇히게 되고, 쉬는 동안에도 장식품의 역할을 해야 하는 속박 속에서 벗어나지 못한다!) 아내의 역할 중 가장 중요한 부분은 사회적 유기체인 가정을 창조하고 관리해나가는 것이다.

남편은 자연스럽게 이 과업에 어느 정도 참여하게 되지만, 아내에 비해 일할 시간도 적고 의향도 크지 않다. 남녀 관계에 있어서 어떤 변화도 아내의 영역이 가정이라는 사실에 큰 영향을 미치지는 않을 것이다. 돈이 부족하거나 치유하기 힘든 흠결이 아닌 남편의 다른 이유로 가정에 문제가 생긴다면 그 잘못은 아내의 몫이다. 아내는 항상 가정을 사회적 유기체로서 창의적으로 생각해야 한다. 그녀는 가정을 지루함이나 단조로움, 편협함, 추한 모습으로부터 보호하는 데 관심을 기울여야 한다. 또 그녀 자신이 현재도 앞으로도 영원히 가정의 중심이 될 것이다. 가정은 그녀에게서 분위기와 고유의 색감을 얻는다. 그러므로 그녀의 첫 번째 임무는 외부의 눈과 귀에 호감을 주는 것이다. 항상 최선을 다하지 않는다면 결혼 생활과 가정이 최대한의 행복을 누리지 못할 것이다. 이 말에 들어 있는 의미가 무엇인지 진지하게 생각해보라.

그리고 일이 잘되든 잘못되든 그녀는 절대적으로 매력을 발휘해야 한다. (모든 일이 순조로울 때는 어떤 여자든 매력적으로 보일 수 있다.) 여성은 매력을 발휘하기 위해 태어났다고 해도 과언이 아니다. 모두가 그것을 알고 인정한다. 그리고 아내가 죽을 때까지 매력을 발휘하지 못하는 것을 정당화시켜줄 사유는 없다. 많은 여성, 특히 예쁜 여성은 그저 존재만으로도 매력을 발휘할 수 있을 거라 생각하는데 이는 착각이다! 매력을 발휘하는 건 수동적이 아니라 능동적인 기능이다. 생각과 노력 없이는 효율적으로 매력을 발휘할 수 없다. 때로는 돈을 버는 것만큼이나 매우 힘들고 지치는 일이지만, 인생을 충만하게 살기 위해서는 돈을 버는 것 못지 않게 필수적이다. 아내는 이 경이로운 개인적 과업에 충실하면서 나머지 시간에 집안 일을 하거나 친구들을 사귀고, 대부분의 남편들 마음속에 남아 있는 야만성을 길들이고, 기분전환을 포함한 수십 가지 다양한 활동에 전념하라. 그러면 모든 일이 놀라울 정도로 쉽게 진행될 것이다.

하지만 우리는 아직 결혼의 시작 단계에 있을 뿐이다.

7장

열정은 '똑같은 풍경' 속에서 시든다

행복한 가정을 위한 부부의 조건

결혼은 중기, 즉 결혼 후 10년이나 15년이 지나면서 잘못되기 쉽다. 내 말은 그들이 폭력이나 추문으로 쉽게 헤어진다는 뜻이 아니다. 대개의 결혼 생활이 죽음 외에는 유지되기 때문이다. 그리고 신문에 종종 유감스럽게 보도되는 비교적 드문 사건들에 관해서는 여기서 할 말이 없다. 간단히 말하자면, 많은 결혼이 시간이 지나며 지루한 관계로 변질되거나 악화되기 쉽고, 때로는 결혼이라는 제도뿐만 아니라 삶 자체에 대해서도 양쪽 모두에게 심각한 실망감을 주는 경우가 있다.

그럼에도 결혼이 지속되는 이유는 의도에서라기보다 의무감과 별거를 준비할 때 수반되는 엄청난 어려움과 위험에 대한 우려 때문이다. 그들의 삶은 위엄을 유지하기 위한 신중한 노력으로 이어지고 있으며, 그러한 이유가 없다면 곧 각자 별개의 공간에서 생활하게 될 것이다.

물론 그러면서도 생활의 틀이 어긋나지 않을 수도 있다. 수입이 충분한 상태에서 매너와 기질을 훌륭하게 유지하며 상호 존중하는 자세를 지킬 수도 있다. 심지어 애정이 비록 무뎌졌을지라도 완전히 끝난 것은 아닐 수도 있다! 이 질병은 참으로 신비롭다. 그리고 남편이나 아내 모두 그 수수께끼를 풀기 위해 많은 노력을 기울이지 않는다. 두 사람은 인류가 전염병과 유아 사망률을 어쩔 수 없는 상황으로 받아들이듯이, 이런 과정을 인간이 막을 수 없는 어떤 것으로 초연하게 받아들인다.

인간이 경험할 수 있는 가장 위대한 부분인 결혼에 대한 이러한 무관심은 매우 심각하다. 남편은 사업이 잘못되면 철저히 조사할 것이다. 아내는 가계부에 불길한 징후가 나타나면 쉬지 않고 문제의 원인을 찾을 것이다. 그러나 둘 간의 관계에 대한 문제는 두 사람의 일일, 주간, 연간의 행복과 존재의 내용에 영향을 미치는 부분인데도 기꺼이 무시된다. 우리는 정말 신기하게 만들어졌다! 상식의 보고이자 생활 수단인 사업에 관해서는 고도의 현명함을 발휘하는 남편이 실제 생활이라는 가장 중요한 과업에는 천치처럼 대처한다는 것이 놀랍지 않은가? 하루 중 16시간을 즐겁게 보낼 수 있도록 8시간의 일에 전력을 다하는 비범한 사람이 원인을 파악하려는 진지한 노력도 없이 그 16시간을 망치는 한탄스러운 불만을 아무런 대책도 없이 겪는다니 말이다.

그러나 두 배우자가 그 미스터리를 풀기 시작하더라도 성공하지 못할 확률이 높다. 사람들이 자신의 눈에 너무 빈번하게 보여서 아주 익숙해져 버린 것은 오히려 잘 인식하지 못하는 것과 같은 이유다. 그들은 잘못된 전제에서 출발하여 아무 데도 도달하지 못할 가능성이 있다.

결혼 생활이 중기로 접어들며 불만이 생길 때, 그 명확한 원인을 찾기 어려울 수 있다. 애정, 존중, 건강한 생활, 예의, 좋은 습관, 안정된 수입 등 결혼 생활을 만족스럽게 하는 모든 주요 요소가 분명히 존재함에도 불구하고, 만약 결과적으로 권태와 불만으로 이어진다면, 이 불행은 아마도 일상의 반복적인 단조로움에서 기인할 것이다. 더 간단히 말하면 가정은 지루하다. 남편은 아침에 즐거운 기대를 안고 떠나고, 저녁에는 한숨을 쉬며 돌아온다. 단순한 지루함이 그런 현상에 대한 설명이다. 그리고 나는 성공했던 수많은 가정이 이런 지루함으로 인해 치명적으로 망가졌다고 확신한다.

품위 있는 가정이 겪는 거의 모든 질병의 근원과 마찬가지로 이런 지루함의 근원은 아내에게 있다. 가정이 지루할 때는 아내가 불만족 상태이거나 권태로운 경우가 100 중 99이다. 누군가는 남편의 기분이 가정의 분위기를 결정한다고 말하는데, 이 말이 사실이라 하더라도 결혼의 신비를 꿰뚫어보지는 못한 것이다. 일반적으로 남편의 기분은 아내의 은밀한 기분에 공개적으로 응답하는 형태이기 때문이다. 이런 과정은 두 사람이 의식적으로 알아채지 못하는 상황에서 이루어진다.

한편 성숙한 아내들은 그들의 하루가 영원히 똑같다는 사실에 지루함을 느낀다. 놀라운 점은 그들 중 대부분이 반란을 일으키지는 않는다는 것이다. 남편은 아내보다 훨씬 즐거운 시간을 보낸다. 이런저런 걱정은 할 수도 있지만, 매일 세상을 여행하면서 기분을 전환하기도 한다. 그의 위트는 항상 날카로워지고 관찰력은 유지되며 고정된 틀에서 벗어난 곳에 관심을 둘 수도 있다. 아내는 집에서 시장으로만 탈출한다. 이전에 아내는 이기적이고 심각한 남편이 돌아올 때까지 넉넉하고 풍요로운 분위기의 가정을 지켰다. 그러다 남편이 돌아오면 남편에게 바깥과는 다른 휴식을 제공했다. 그러나 아내는 아무것도 얻지 못하는 시간이 계속되고 휴일이 과거의 성격과는 다른, 더는 새로운 동료애를 주지 않는 남자와 함께 지나가면서 지루함을 느끼기 시작한다. 게다가 남편은 그녀의 존재가 지루하다는 것을 뻔뻔스럽게 암시하는 행동들을 하면서 권태감에 불을 지른다! 물론 실제로도 그렇다. 클레오파트라였더라도 비슷한 상황과 조건이라면 분명 지루해했을 것이다. 아내의 열정은 지루한 반복만이 존재하는 사막에서 시든다.

그러나 여성들은 자신들이 과거의 노예가 아니라고 말할 것이다. 기분 전환과 오락을 찾는 욕구가 엄청나게 증가했고, 실제로 과거에 비해 상황이 나아졌다고 인정한다. 그러나 한가한 시간이 무거운 구름처럼 권태로 가득 차고 일상이 만족감을 주지 못할 때, 특히 한적한 시골에서의 생활은 과거가 훨씬 나았다고 느끼게 만들 수 있다. 사회의 일부 집단에서는 쾌락이 광기로 발전했고, 신문의 만평에는 오직 쾌락을 위해 사는 것처럼 보이는 여성들이 가득하다. 그러나 이런 여성들은 상대적으로 소수이고, 그들의 주된 사회적 기능은 다른 여성의 마음에 병적인 시기심을 불러일으키는 것이다.

더 나아가 일반 대중을 위한 오락 시설과 리조트가 크게 증가했고 이를 찾는 이들도 많아졌다. 하지만 세세히 조사해보면 이러한 장소들이 주로 젊은 층에 의해 선호된다는 사실을 발견할 수 있다. 예를 들어 댄스홀을 방문해보면, 삶의 기쁨과 활기를 느낄 수 있지만, 중년 여성이나 평범하고 가정적인 여성의 모습은 찾아보기 어렵다. 이들 역시 젊은 이들처럼 기분 전환의 필요성을 느끼지 않을까? 여성들은 중년에 이르러 체형이 변하는 것을 원치 않으며, 나이가 들고 몸이 커지는 것을 간절히 피하고 싶어 한다. 이러한 변화를 막을 수 없다는 사실이 그들의 잘못이 아니고 범죄가 아닌 만큼, 마치 사회에서 그들을 숨기려는 것처럼 대우하는 것은 정당하지 않다. 그들은 여전히 살아 있으며 존재감을 드러낼 자격이 있다.

25세에 50킬로그램이던 몸무게가 45세에 75킬로그램 이상이 되더라도 휴식, 기분 전환, 행복에 대한 갈망은 어떤 형태로든 동일하다. 여기에서 일반적으로 '기분 전환'이라고 묘사하는 즐거움은 사회적, 교육적인 것들을 포함하는 모든 형태의 활동과 관련되어 있다. 사회에서 나이 든 여인이 지금까지 무시받아왔다는 것은 부정할 수 없는 사실이다. 런던의 대형 상점들조차 세상에는 나이 든 여성과 뚱뚱한 여성들이 존재하고, 그들이 패션에 관심을 보인다는 사실을 이제야 발견하기 시작했다.

이 문제에 대한 책임은 사회 전체가 짊어져야 한다. 특히 물질적인 문제를 제외한 가정 운영의 대부분을 아내에게 의존해온 역사적 관행에서 이는 더욱 명백하다. 이로 인해 가장 큰 고통을 겪는 이는 오히려 남편일 수 있다. 가정의 매력은 다시 한번 강조하지만, 대체로 아내에게 달려 있으며 아내가 자신의 개성을 다양하게 발전시키지 못한다면 그 매력도 발산할 수 없다. 남편이 아내의 개성 발전을 지지하고 자양분을 제공하지 않으면, 가정은 필연적으로 어려움을 겪게 된다.

남편이 적극적으로 나선다면 해결책은 간단하다. 아내가 원하는 것은 지식과 사상을 포함한 세상과의 더 깊은 연결이다. 가정생활이 지루해지고 따분해지는 원인은 이러한 경험의 부족에서 비롯된다. 특별한 경우가 아니라면, 남편의 관심과 노력 없이 아내 혼자 사회와 의미 있는 접촉을 맺기 어렵다. 기분 전환과 즐거움을 주는 접촉은 중요하긴 하지만(비록 그녀가 이를 경험하지 못할 수도 있지만) 가장 핵심적인 요소는 아니다. (게다가 즐거움을 위한 일을 빈번하게 갖는 데에는 가족이 감당할 수 없는 비용이 든다.) 여성의 지능과 지성에는 자양분이 필요하다. 시간이 흐르며 그녀는 일상의 반복적인 습관에 젖어든다. 남편은 그녀와 함께 즐거운 시간을 보내기보다는 그녀를 집에 혼자 남겨두는 경향이 있다.

주부들에게 책이 얼마나 많은 도움이 될까? 남편은 아내에게 이렇게 말해보라. "이것 봐! 내가 흥미로운 걸 발견했어. 당신도 관심을 가질 것 같아." 책이나 기사를 읽기 시작하면서 아내의 능력이 즉각적으로 살아나는 것을 지켜봐라. 감동적인 모습이다. 나는 이 간단한 행동으로 인해 영구적이지는 않더라도, 가정이 변화하는 것을 목격했다.

그다음에는 사교의 문제가 있다. 사교는 비용이 거의 또는 전혀 들지 않는 활동임에도 중산층 가정에서조차 충분히 실행되지 않는다. 친구들과의 모임은 자극적인 대화와 교류로 가득 차 있으며 이는 변화와 다양성, 인간 본성에 대한 새로운 체험, 그리고 아이디어의 확장을 가져다준다. 방문을 받는 것도 중요하지만, 아내에게는 답방을 하는 것이 더 큰 가치를 가진다. 왜냐하면 이는 폐쇄된 가정 환경에서 벗어나 새로운 사회적 환경으로 나아가는 기회를 의미하기 때문이다. 그러나 남편과 아내가 함께 창의적인 노력을 기울이지 않는다면, 친밀한 친구 그룹을 형성하기 어렵다. 또한 대부분의 노력은 아내가 해야 하지만, 이를 위한 동기부여와 에너지는 주로 남편으로부터 나와야 한다. 많은 가정이 사회라는 바다 속에서 고립된 섬처럼 존재하는데, 이는 남편이 아내가 자신에게 맞는 정신적 탐색을 할 수 있도록 격려하는 데 필요한 노력을 기울이지 않기 때문이다.

또 이야기할 점이 있다. 일반적으로 아내들은 충분한 휴가를 얻지 못한다. 반면 일반적으로 남편들은 연차 휴가 외에도 매주 하루 반의 시간을 더 얻는다. 아내의 근무일은 7

일로 구성된다. 왜냐하면 그녀는 일주일 내내 가사의 부담을 떨쳐버릴 수 없기 때문이다. 토요일 정오에도 그녀는 남편처럼 안도의 한숨을 쉬며 이렇게 말할 수 없다. "어쨌든 일요일 아침까지는 쉴 수 있겠구나." 오히려 주말에는 훨씬 더 많은 책임과 노동이 뒤따른다. 아내는 이른바 휴가 기간에도 집안일을 해야 하므로 실질적인 위안을 전혀 얻지 못한다. 그리고 이런 생활은 20년, 30년, 반평생 동안 쉬지 않고 계속된다! 항상 남편과 함께 휴가를 보내는 아내는 기껏해야 중간중간 짬을 내어 쉴 수 있을 뿐이다.

그녀는 영원히 아내 역할을 해야 한다. 남편은 특별 대우를 기대하고 대개는 그런 대접을 받는다. 내 생각에 남편과 아내가 적어도 휴가 기간에 일부 정도를 따로 떨어져 보낸다면 많은 도움이 될 것이다. 만일 남편이 헌신적인 자세로 함께 시간을 보낸다면 결과는 유익할 것이다. 이러한 상황에서 아내는 자신의 개성을 더욱 잘 표현할 기회를 얻게 된다. 아내의 개성을 발전시키는 것은 가정이 흥미롭게 유지되는 주요 비결 중 하나다. 반대로 아내의 개성을 무시하거나 억압하는 것은 지루한 가정이 되는 주된 이유이다. 나는 꽃이 만발하듯 개성이 활짝 만개한 아내가 절대적으로 유쾌한 결혼을 유지한다고 말하는 게 아니다. 아내의 개성이 가정을 무너뜨려 천국과는 거리가 먼 모습으로 만든 사건 역시 존재하기 때문이다.

부부 사이의 문제는 놀랍도록 신비하고 복잡할 수 있으며, 이는 일반적인 경우에도 마찬가지다. 20권의 백과사전으로도 그 복잡함을 전부 설명하기 어려울 정도이며, 자신이 지혜롭다고 자처하는 이 외에는 아무도 그 원인을 간단히 요약하려 하지 않을 것이다. 나는 건전한 결혼 생활에서 흔히 발견되는 모호하고 정의할 수 없는 불만이 아내의 개성에 대한 지지가 부족하기 때문이라고 강조하고 싶지만, 이에 대한 구체적인 설명을 제공할 수 있는 것은 아니다. 이와 관련하여 설명할 수 있는 사람은 드물고, 나 또한 결혼 문제에 대한 만능 해결책을 제시할 수 없다.

친밀할수록 예의는 더욱 중요해진다

지금까지 아내의 개성을 발전시키는 게 왜 중요한지 대해 충분히 논의했는데, 이 외에도 성공적인 결혼 생활에는 중요한 요소들이 많이 있다. 복잡성 때문에 이것들에 대해 다 논의하는 건 쉽지 않은 일이고, 또 이를 완전히 설명하려면 책 한 권 전체를 할애해야 할 수도 있다. 또한 문제의 근본이 개인의 기질에 깊이 뿌리박혀 있어 개선하기 어렵다는 점에서 이는 배우자의 영향력 범위를 넘어선 문제일 수도 있다. 기질의 근본적인 충돌은 덕성과 상식이 있는 이들의 결합조차도 은밀하게 또는 공개적으로 해칠 수 있으며, 어떠한 창의성, 인내력 또는 품성의 고결함도 파국을 막지 못할 수 있다.

이 복잡하고 어려운 주제를 넘어서 매우 중요함에도 불구하고 표면적일 수 있는 또 다른 요소, 즉 예의에 대해 이야기하겠다. 사랑에 빠진 남편과 아내, 특히 젊은 부부는 종종 일정한 형식이 필요한 예의를 생략하는 경향이 있다. 그들은 이상적이고 열정적인 관계 속에서 인위적이고 짜증 나는, 불필요하고 심지어 불성실하기까지 한 행동도 용납될 수 있다고 여긴다. 그들은 인간 관계를 위해 발달시켜온 공식적인 몸짓과 문구 없이도 영혼과 영혼이 교류할 수 있다고 믿으며, 이러한 허례허식을 넘어설 수 있다고 상상한다. 또한 그들은 이러한 모든 것이 친밀감에 대한 모욕이며, 그들을 결합시키는 사랑의 진정성에 대한 모욕이라고 생각한다. 그들은 이렇게 말하는 것 같다. "아! 그는 이해할 거야. 아! 그녀는 개의치 않을 거야. 그녀는 내 영혼 속 진실을 알아. 그는 내 감정에 대해 의심하지 않아. 그런데 왜 서로를 이해하지 못하는 사람들을 위한 이런 의식과 절차를 귀찮게 거쳐야 하지?"

나는 결혼한 부부 모두, 또는 대다수가 이렇게 생각한다고 여기지는 않지만, 그들 중 상당수가 이렇게 생각한다는 증거는 충분하다. 그리고 세상에 이보다 더 거짓되고 터무니없는 생각은 없다.

모든 개성의 만남은 어느 정도 충돌을 내포하고 있다. 이러한 충돌을 완화하기 위해 예절이라는 개념이 생겨났다. 예절은 사람들 간의 소통 과정에서 발생할 수 있는 거친 부분을 부드럽게 만들어주는 역할을 하며, 이는 마치 통조림 뚜껑을 열 때 손을 다치지 않게 하는 손잡이와 같고, 마음의 비밀스러운 부분을 가리는 베일과도 같다. 아무리 사랑하는 사람이라도 마음속 깊은 모든 곳을 명명백백하게 보려 한다면 참을 수 없을 것이다.

그리고 이 글을 읽는 당신도 자신의 마음을 단순히 들여다본다면, 이 주장의 진실성을 인정할 수 있을 것이다. 둘이든 여럿이든 사회는 수천 개의 비밀을 바탕으로 조직되며, 또 그런 비밀들은 인정되어야 한다. 좋은 예절은 관습이고, 관습은 사회의 보존제다. 예절 없이는 비유적으로나 실제로도 유혈이 낭자할 것이고 사회 구조는 망가질 것이다. 더 나아가 좋은 예절은 실제 또는 가상의 친절을 상징한다. 호감이 있을 경우, 그것을 드러내기 위해 예절이 지속적으로 사용된다. 호감은 그것이 표현될 때만 진정한 효과를 발휘한다. 호감이 부재한 상황에서도, 예절은 그 역할을 대신해 상호 간의 우호적인 관계를 유지하는 데 기여한다. 심지어 가장 어려운 상황에서도 예절은 상대방에 대한 호감을 손상시키지 않으며, 오히려 그 관계를 강화하는 역할을 한다.

극도의 친밀한 관계에도 예의가 필요하다. 오히려 단순한 우정이나 친분 관계에서보다 더 필요하다. 그런 친밀한 관계 속에서 당사자들은 대범한 척 가장하더라도, 실제로는 상대방의 행동에 극도로 민감하게 반응하기 때문이다. 게다가 종종 그 민감도는 병적 상태에 이르기도 한다. 예의 없는 말과 어조는 고집스럽게 기억에 남아서 부지불식간에 튀어나와 어려운 상황에서 언제든 화로 표출된다. 다시 말하지만, 좋은 매너, 즉 예의 바른 행동은 나쁜 기질이 드러나는 것을 막는 가장 효과적인 방법이다.

화는 감정을 고조시키는 발판이 있을 때 터져 나오는데, 예절은 이런 발판을 없애는 역할을 한다. 반면에 진정한 애정이 있더라도 무례한 행동을 하면 부정적인 감정을 고조시키는 여러 발판을 제공하는 셈이다. 또한 나쁜 기질은 대부분의 상황을 잘 넘기더라도, 마지막에는 결국 참지 못하고 분출될 수 있다.

친밀한 사람들은 서로의 예절을 주의 깊게 살펴야 한다. 지나치게 격식을 차리는 것 같을 수도 있고 확실히 쉽지는 않을 것이다. 교회 안에서마저 예의를 지키지 않는 부부도 있다. 신혼여행에서 돌아오는 길의 기차역에서 예절을 버리고 떠나는 커플도 있다. 결혼 후 1년 동안 무심코 조금씩 버리는 커플도 있다. 이들은 모두 잘못된 생각을 하고 있으며 결국에는 과실에 대한 대가를 치른다. "서로 사랑하라"

는 말은 결혼을 위한 격언 중 하나다. 그러나 사랑은 열정만으로 유지될 수 없다. "서로에게 공손하라(의식적으로 그리고 형식적으로 예의바르게)"는 말은 결혼을 위한 격언 중 최고의 자리에 놓여야 한다. 그리고 공손함은 경계심으로 지켜져야 하며, 모든 사람은 인내심과 실천으로 예절을 성취할 수 있다.

　예절은 비록 진부하게 여겨질 수 있지만, 그 가치는 상당하다. 그럼에도 우리 중 일부는 이를 가볍게 여기는 경향이 있다.

부부 사이에 일어나는 '무례함'

지금까지의 논의는 주로 개인 간의 상호작용, 특히 남편과 아내 사이에서 이루어지는 행동에 초점을 맞추었다. 하지만 남편과 아내가 공공장소에서 서로에게 부적절하게 행동하는 경우도 결혼의 역사 속에서는 드물지 않게 발견된다. 물론 그들은 그 행동으로 인해 다른 사람들에 대한 심각한 예절 위반으로 비난받는다. 그러나 불행하게도 이런 비난받을 만한 상황은 또 발생하는데, 이러한 부적절한 행동을 크게 세 가지 유형으로 분류해보겠다.

첫째는 둘만 있든, 다른 사람들과 함께 있든, 늘 갈등에 빠지는 부부다. (때때로 두 배우자가 서로 비난하는 경우도 있고 때로는 한 배우자만 비난하는 경우도 있다. 한 배우자만 비난받는 경우 일반적으로는 같은 배우자가 계속해서 비난받는다.) 갈등은 거의 끊기는 적이 없으며 무언가 깊은 본능과 관련이 있는 듯하다. 그러나 일반적으로는 큰 위험을 불러오지 않는다. 대개 마음 깊숙이 자리 잡은 오해까지 지적하는 것은 아니기 때문이다. 그러나 이런 경우에는 심각한 결과를 초래하지 않을 뿐 40년 동안이나 길게 이어질 수 있다.

예순, 일흔 살 된 부부가 보육원 아이들처럼 사소한 문제로 말다툼을 벌이고 죽을 때까지 티격태격하는 모습을 한 번쯤 봤을 것이다 이런 형태의 천진난만함은 어린 시절 환경의 영향일 수 있으며, 이에 책임이 있는 사람들은 상응하는 책임을 져야 한다. 이를 사랑과 인류애에 대한 범죄로 명명할 수는 없으나, 적어도 부부의 가까운 친구들에게는 확실히 불편한 부분이고, 의견을 제시하기 어려운 지인들에게는 훨씬 더 큰 고통이 된다. 만약 이러한 문제가 심각한 질병이고 중대한 결과를 초래하는 문제였다면, 진작에 누군가는 나서서 치료에 착수했을 것이다. 그러나 이는 심각한 문제보다는 작은 고충으로 간주되기에 다른 여러 불편함들과 마찬가지로 견디며 살아가는 경우가 많다.

두 번째는 공공장소에서만 갈등을 표출하는 부부다. 이들은 공개적으로 말다툼을 벌이고 둘이서만 있을 때는 결코 말다툼을 하지 않는다. 이 사례는 첫 번째보다 더 심각하다. 뽑아내야 할 독처럼, 무언가가 끊임없이 마음속으로 억눌리고 밀려 들어가다가 우호적 환경에서만 분출되기 때문이다. 다른 사람들이 있는 곳에서 부부 간의 갈등을 의도적으로 드러내고자 하는 사람은 거의 없다. 그럼에도 불구하고 많은 결혼 생활에서 한쪽 당사자가 상대방에게 지나치게 순응해(두려움 때문이 아니라) 다른 이들의 지지 없이는 불만을 표현하기 어려운 상황이 종종 있다. 이러한 상황은 의외로 흔하게 발견되며, 일반적인 상황으로 여겨질 정도다.

이러한 형태의 부부 갈등은 공격받는 쪽에게 특히 심각한 스트레스를 준다. 그들은 불리한 입장에서 공격받고 효과적으로 대응할 방법이 없으며, 공격하는 쪽이 공개적인 공격에 만족을 느낀다 해도 상황이 호전될 가능성이 거의 없기 때문이다. 심지어 비난은 종종 공격하는 사람보다 공격받는 이에게 더 집중된다. 심리적으로 더 강한 쪽은 종종 공격받는 배우자인데, 이는 사태의 본질이 공격하는 사람에게 도덕적인 영향을 미치기 때문이다. 애초에 불만이 극심하게 악화되기 전에 이를 식별하고 비공개적으로 해결해여 했다. 문제를 외부에 드러내는 커플은 결국 공개적인 파국으로 치달을 가능성이 높으며, 그들은 마치 얼어붙은 얇은 얼음 위를 걷듯이 위태롭게 생활하는 것이나 마찬가지다.

공공연하게 갈등을 드러내는 세 번째 부류는 두 번째 부류보다 훨씬 더 심각하다. 타인이 보기에는 단지 불쾌한 상황일 수 있지만, 이는 부부 사이에 잠재된 심각한 불만의 신호일 수 있다. 우리는 모두 다른 사람들 앞에서 갈등을 피하려고 하지만, 종종 부부 중 한 사람이 상대방의 성에 대해 공공연히 경멸을 내비치며 일반화하는 상황을 목격하곤 한다. 아내가 "남자들이 그렇지, 뭐"라고 말하는 버릇이 있거나 남편이 "물론 여자들은 그렇겠죠"라고 말하면서 전체 여성에 대해 짜증을 낸다면, 그 부부의 결혼 생활은 분명 순탄하지 않을 것이다. 이러한 불만의 표현은 전체 성별을 비판하는 것처럼 보일 수 있으나, 실제로는 그들이 가장 잘 알고 가장 큰 고통을 느끼는 특정 개인, 즉 자신의 배우자를 겨냥한 것이다.

특히 아내들의 경우는 더욱 그렇다. 남자는 특정 개인을 염두에 두지 않고도 상대 성별을 공개적으로 일반화할 수 있다. 그러나 여자들은 그럴 수 없다. 여성은 특정 개별 성격을 비난하기 위해서가 아니라면 일반화를 절대로, 또는 거의 하지 않는다.

상대방을 교묘하게 공격하는 행위는 무엇보다도 매우 짜증나는 일이며 대응하기도 어렵다. 실제로 반격을 시도하는 것은 가만히 있는 것보다 더 큰 위험을 수반한다. 이러한 미묘함, 간접성, 그리고 불길한 주의는 문제가 심각하며 해결

될 희망이 거의 없음을 시사한다. 과거에 서로에게 솔직했던 부부라 할지라도 이러한 상황이 발생한다면 그 솔직함이 사라졌다는 의미다. 숨겨진 문제는 겉으로 드러나지 않더라도 불길하고 위협적이다. 문제를 정확히 진단하고 해결을 위한 조치, 즉 '수술'을 시작하는 것이 최선이다. 결과가 반드시 긍정적일 거라고 장담할 수는 없지만, 위험을 감수하는 것은 불가피하다. 위험을 회피하면 결국 더 큰 재앙이 다가올 뿐이다.

존중과 애정은 결혼 생활의 기초다

결론적으로 성공적인 결혼 생활의 기초는 상호 애정과 존중이다. 이 두 가지 덕목이 성공에 필요한 전부는 아니다. 이 두 가지를 모두 갖췄더라도 결혼 생활은 실패하거나 절반의 실패에 이를 수 있다. 그러나 애정 없는 존중이 마치 성공한 결혼 생활의 외관을 갖출지는 몰라도 진정한 성공을 위해서는 이 두 가지 덕목 모두 반드시 필요하다.

애정과 존중이 공존하는 성공적인 결혼 생활의 가장 큰 적은 첫째, 아내의 개성을 무시하는 것이다. 그리고 둘째는 한쪽 또는 양쪽 모두가 처신을 올바로 하지 않는 것이다. 첫 번째 문제는 주로 남편의 손에 달려 있고, 두 번째 문제는 주로 아내의 손에 달려 있다. 굶주린 개성은 자양분을 필요로 하며, 스스로를 충족시킬 능력이나 에너지가 부족하기에 도움 없이는 점점 더 안일해지고 상황이 악화된다.

반면, 품행과 같은 표면적이지만 중요한 영역에서 남편은 아내로부터 어떤 징후를 느낀다. 어쨌든 가설에 따르면, 아내는 남편에게 있어 은혜로운 존재이며, 남편은 그에 맞게 행동해야 한다. 그러나 내 경험에 따르면, 아내가 예절을 어기는 경우가 남편보다 더 흔하다. 대체로 남편은 아내보다 더 많은 권위와 실질적인 권력을 가지고 있어 불만이 있을 경우 이를 해결할 수 있는 수단을 가지고 있는 반면, 아내의 영향력은 보다 간접적이고 미묘하다. 그래서 위기가 닥쳤을 때, 대부분의 아내는 양보하거나 양보하는 척한다. 그녀는 결혼 생활에서 더 어려운 역할을 맡고 있으며, 남편이 큰 걱정거리를 갖고 산다면 아내는 더 많은 작은 걱정거리들을 안고 산다. 아내의 말은 중요한 도구로서, 이는 공격적인 의미가 아니라, 남편이 많은 논쟁 없이 행동할 수 있는 반면 아내는 논쟁, 설득, 달래기, 주장, 심지어 잔소리를 통해 자신의 입장을 표현하고 자신을 위로하게 된다는 것을 의미한다.

더 나아가 대부분의 여성은 자신이 비판받는 것보다 타인을 비판할 권리를 스스로에게 부여한다. 그들은 자신의 경제적 자유가 제한적이라는 점을 보상받기 위해 성별에 기반한 특권을 주장하기도 한다. 나는 이러한 행동을 비난하려는 것이 아니며, 동시에 모든 남편이 결혼 생활에서 항상예의 바르다고 말할 수도 없다. 심지어 가장 이상적인 남편조차도 결점이 있을 수 있다. 그럼에도 불구하고 그들의 나쁜 매너는 아내들의 그것보다 덜 자주 발생하고 덜 짜증스러운 경향이 있다. 어떤 아내도 자기 자신에 관해서는 이를인정하지 않을 것이지만, 거의 모든 아내가 다른 아내들에대해서는 그렇다고 인정할 것이다.

아내와 남편 모두 인간으로서 서로에게 기쁨을 주어야 한다. 비록 전통적으로 남편의 주된 책임이 가족 부양과 보호이고, 아내의 주된 역할이 집안에 기쁨을 주는 것으로 간주될 수 있지만, 이는 전체의 일부일 뿐이다. 부양은 남편에게중요한 역할이며, 기쁨을 주는 것은 아내에게 중요할 수 있지만, 양쪽 모두에게 기쁨을 주고 받는 것이야말로 결혼 생활의 필수 요소다. 기쁨을 주는 것은 아내나 남편 한쪽의 전유물이 아니며 행복하고 만족스러운 관계를 위해서는 서로기쁨을 주고받아야 한다.

8장

자녀에 대한 몇 가지 중요한 조언

부모의 역할만큼 아이들은 자란다

아이의 심리를 이해하는 것은 부모가 갖춰야 할 덕목 중 매우 중요한 부분이다. 엄마의 대부분은 이를 아주 빨리 익히고 이 내용을 주제로 책을 쓰는 교수들에게 가르침을 줄 정도의 수준에까지 도달한다. 교육의 원칙을 이해하는 것은 매우 중요하며 심지어 같은 덕목 안에서도 다양한 의미를 가진다. 부모 중 이를 온전히 깨닫는 이는 드물다. 이로 인해 때때로 부적절하거나 심각한 경우에는 해로운 교육 방식이 적용되기도 한다. 다행히 오늘날 세계 어느 나라도 전체적으로 아주 엉터리 같은 교육 시스템을 가지고 있지는 않다.

그럼에도 다음 세대를 양육하는 과정에서 가장 근본적인

문제는 아동 심리학이나 교육 원리에 대한 지식 자체가 아니다. 오히려 중요한 것은 부모가 부모와 자녀 사이의 올바른 관계를 마음으로부터 얼마나 잘 이해하고 있는가이다. 모든 다른 문제들은 부차적인 것이며 이 기본적인 이해에서 파생되어야 한다. 관계의 진정한 기반에 대한 이해가 부족하면 거의 모든 것이 잘못될 수 있기 때문이다.

아이를 낳을 때 부모는 자연의 자극에 따라 행동한다. 그들은 진화라는 무제한의 힘을 따르는 일꾼으로서 운명이라는 광대한 계획이 수행되는 것을 돕는다. 그러나 이 사실이 그들의 양육에 의식적으로 영향을 미치는 것은 아니다. 그들이 진화, 대자연, 운명의 계획을 먼저 의논하고 "그래서 우리가 아이를 세상에 내보내야 해"라고 덧붙이는 것도 아니다.

그들은 단지 아이를 갖는 것이 좋고, 적절하고, 기분 좋고, 흥미롭고, 스릴이 있을 것이라 생각하기 때문에 다소 의심스러운 측면이 없진 않지만, 최고의 행복을 이룰 수 있다고 생각한다. 그들은 처음에 자기 자신을 위주로 생각한다. 심지어 이렇게 말하기도 한다. "아이가 없는 노년은 끔찍할 것이다." 즉 그들은 자신의 관점에서 고려할 뿐, 아이의 관점을 고려하여 가정을 바라보지 않는다. 심지어 그들 중 많은 사람은 이를 전혀 고려하지 않으며 자신의 만족을 항상

최우선 고려 사항으로, 때로는 유일한 고려 사항으로 여긴
다.

하지만 아이가 일곱 살이 되기 전에 부모들은 아이에게
다음과 같이 말할 것이다.

"우리가 너희를 위해 한 모든 것을 봐라. 우리는 너희에게
아름다운 옷과 맛있는 음식을 제공하고, 너희의 복지를 위
해 밤낮으로 고민한다. 너희는 우리에게 정말 감사해야만
한다. 하지만 너희는 감사할 줄 모르고 오직 장난만 치는구
나. 너희가 할 수 있는 최소한은 우리에게 고마움을 표시하
고 문제를 일으키지 않는 것이다." 이런 발언은 부모의 위
선적인 태도를 드러낸다. 이것을 인지한 아이는 절망과 분
노를 느낄 것이고 분노와 경멸을 보일 것이다. 위선은 부모
가 저지를 수 있는 가장 큰 실수다. 아이들은 온갖 환상과
허구를 가지고 있지만 그들에게 중요해 보이는 문제에서는
정작 무자비하고 가차 없는 현실주의자이다. 아쉽게도 부정
할 수 없는 사실이다.

아이는 부모에게 빚진 것이 전혀 없다. 물론 책임과 의무
도 없다. 오히려 부모가 아기에게 모든 것을 빚지고 있다.
부모의 책임은 완전하고, 그들의 의무는 무한하다. 부모에
게는 아이를 건강하게 키우고, 행복하게 만들고, 체질을 강
화하고, 세상에 맞게 교육하고, 세상에 나갈 준비를 할 수

있도록 모든 노력을 다할 가장 엄숙한 의무가 있다. 시간이 지나고 아이가 성장하면서 구체적인 책임이 줄어들지언정 결코 사라지지는 않는다. 아이에 대한 책임은 무슨 일이 있어도 끝날 수 없다. 만약 아이가 성인이 되어 사악한 범죄로 10년 징역형을 받더라도, 부모는 아이가 풀려날 때 감옥의 문 앞에서 기다리게 되어 있다. 부모가 자녀를 만들었고, 자녀는 온전히 그들의 작품이다. 자녀는 완전한 삶을 살고자하는 부모들의 이기적 욕망의 산물이다.

아이에게 책임과 의무가 없는 짧은 기간이 지나면 아이는 자신에게 순종의 의무가 있다는 것을 배우기 시작하고, 이는 부모뿐만 아니라 자신과 사회에 대한 다른 의무에 대한 인식으로 이어진다. 아이는 그 이유를 파악하기 한참 이전부터 무게를 느끼기 시작한다.

아이들은 운명론자다. 깊이 이해하는 한 가지 사실은 자신이 거의 무한한 권력을 가진 독재자들의 지배 아래에서 무력하다는 것이다. 독재의 희생자에게 독재자에게 감사하라고 이야기하는 것은 분명히 분노가 치미는 일이 틀림없다. 그러한 혐오스러울 정도로 진실되지 않은 잡설에 결코 빠져들어서는 안 된다. 오로지 해를 끼칠 수밖에 없기 때문이다. 아이를 가지기로 결정하는 것은 개인이 스스로 부모가 되기에 적합하다고 판단할 때 전적으로 정당하다. 그러나 부모가 되는 것은 막대한 책임과 의무를 동반하며, 이에 대한 충분한 인식 없이 부모가 되는 것은 큰 실수다. 부모는 그 책임에서 벗어날 수 없다.

아이가 성장함에 따라 자유롭게 행동할 수 있는 짧은 시기가 지나고 아이는 자신에게 부모, 자신 그리고 사회에 대한 의무가 있음을 배우기 시작한다. 이러한 의무에 대한 인식은 아이가 그 무게를 직접 느끼기 전부터 시작된다. 아이들은 부모라는 거의 무한한 권력을 가진 존재들의 지배를 받으며 무력하다고 느끼는, 스스로 운명에 순응하는 존재다. 따라서 부모의 지배에 감사해야 한다는 요구는 아이에게 분노를 일으킬 수 있다. 이러한 불성실한 주장은 오직 해를 끼칠 뿐이므로 절대 동조해서는 안 된다.

더욱이 자녀의 못된 성향에 대해 비난하는 것도 가족 관계에 있어서는 똑같이 해로운 일이다. 자녀의 좋지 않은 성향을 개선하는 방법을 찾아보고, 지적해주고, 어떻게 하면 더 나은 사람이 될 수 있는지를 보여주고, 그 힘든 과정에서 겪는 어려움에 공감해라. 그러나 절대 아이를 비난하지는 마라. 아이가 부모를 선택한 것이 아니다. 그 선택의 과정에 자신의 몫은 전혀 없었다. 부모를 원하지도 않았고, 아마도 부모 없이 지내는 걸 훨씬 더 좋아할지도 모른다. (심지어 자녀는 세상에 나오게 해달라고 요구하지도 않았다.) 자녀의 좋지 않은 성향은 부모에게서 물려받았거나 부모에 의해 형성된 것이며, 부모가 아이를 거짓말쟁이이거나 탐욕스럽다고 탓하는 것은 왜 소화불량이나 결핵을 앓느냐고 비난하는 것과 마찬가지다. 그렇게 대우받은 아이는 의심할 여지 없이 어떤 부모도 들을 수 없는 자신만의 잠재의식 속에서 이렇게 외칠 것이다. 그리고 자녀들에게는 이렇게 외칠 정당성이 있다.

"이 억압적인 거인들은 끔찍할 정도로 불공평해. 내가 살아 있다는 이유만으로 감사해야 한다고 강요하고, 거기서 그치지 않고 내가 어찌할 수 없는 온갖 일들에 대해 나를 비난해. 나는 정말 이런 것들이 싫어. 아마도 저 거인들의 세상은 이상할 정도로 불공정할 거야"

불리한 환경에서는 이러한 분노의 감정이 20년 또는 30년 동안 간격을 두고 나타날 수 있다. 또는 무기한으로 발생할 수도 있다. 이는 관련된 모든 이들에게 불행한 일이며 일차적인 책임은 부모에게 있다. 물론 인생의 경험과 감각에서 성숙해지고 초보 아빠나 엄마가 되어 보면서, 부모가 자신의 존재에 대해 직접적인 책임을 지고 있지만 사실 그들은 자신과 마찬가지로 더도 덜도 아닌 대리인에 불과하다는 것을 그리고 모든 세대는 자연, 진화, 운명의 그물망 속에서 함께 연결되어 있으며, 함께 모든 고난을 잘 극복해야 한다는 것을 더 분명히 알 수 있다. 또한 곤경을 잘 이겨낸다면 꽤 괜찮은 결과로 이어질 수 있다는 것도 깨달을 수 있다. 그는 부모가 자신을 낳은 것이 단지 변덕스러운 결정 때문이 아니라 자연의 큰 힘에 복종하고 그들 자신도 잘 이해하지 못하는 궁극적인 목적을 추구하기 위해서라는 것을 이해하게 된다.

이러한 깨달음은 우리가 부모에 대한 자신의 책임을 인식하기 시작하는 첫걸음이다. 시간이 지나면서 우리 자신에 대한 부모의 책임은 점차 줄어들고, 우리 스스로의 책임은 증가한다. 하지만 이것은 자녀가 부모의 원래 책임을 그대로 이어받는다는 의미는 아니다. 자녀의 책임이 부모의 것만큼 중대하고 강력할 수는 없다.

내가 대략적으로 그려낸 상황의 진실을 파악하고 이를 공정하게 바라보고 아이를 다루는 데 있어서도 모든 편견과 이기심을 없애는 것이 현명한 부모가 되는 기초다. 성장하는 아이의 모습에는 놀랍고도 절묘한 무엇이 들어있으며 부모는 자신들이 성취한 것의 아름다움과 흥미로움, 영원한 경이로움에 놀라면서도 진정한 감동을 느낀다. 기적은 날마다 성장하고, 그 성장은 어떤 마술사의 마법보다도 수만 배 놀랍고 매력적이다. 세 사람 간의 관계는 부모의 경험 속에서 발견할 수 있는 다른 어떤 부드러움과는 구별되는,

독특한 따스함을 지니고 있다. 이 관계는 아마도 다른 어떤 경험보다도 삶의 만족도를 높여주는 특별한 요소일 것이다.

부모는 양심과 본능에 따라 자신의 것을 내어준다. 그들은 끝없이, 장엄하게 모든 것을 내어준다. 아이 또한 가진 모든 것을 내어주지만 이는 오직 본능에 의한 것뿐이다. 아이가 보여주는의 신뢰, 자신감, 안전에 대한 확신, 애정에 대한 관대함, 놀라울 정도로 다양한 자기 표현, 지능의 사다리에서 한 단계씩 도약하는 모습, 이 모든 것이 부모를 황홀경에 빠트리고 매혹시킨다. 그리고 부모의 전능하고 보호하는 사랑은 그 고유성과 자원의 풍부함을 통해 아이를 무한한 기쁨으로 가득 채운다. 성공적인 가정의 모습은 모든 계산이 완전히 사라진 부드러운 황홀경과 헌신의 분위기로 가득 차 있다. 이보다 더 좋은 것이 있을까? 그 무엇도 그럴 수 없다.

그렇다면 나는 왜 이 과업에 논리를 적용하고, 개인의 이익에 대한 찬반양론의 균형을 맞추어서 천상의 것을 땅으로 가져오려고 할까?

글쎄다. 문제는 아이가 있는 가정의 모습이 내가 방금 설명한 것처럼 언제나 그런 모습이 아니라는 점이다. 실제로는 너무 자주 정반대의 모습을 보여준다. 이는 파괴적일 수도 있고 비극에 가까울 수도 있다. 그런 가정 속 아이는 무엇이 잘못되었는지 다른 아이들보다는 더 잘 알지만, 이를 효과적으로 설명하지 못하며 바로잡을 수도 없다. 오직 부모만이 잘못을 바로 잡을 수 있다. 그러나 그들 역시 무엇이 잘못되었는지 찾아내지 않고는 이를 바로잡을 수 없다. 아이의 관점을 알아내지 않고서는 무엇이 잘못되었는지 알 수 없다. 아이의 입장에 서서 바로 그 자리에서 상황을 바라보지 않으면 아이의 관점이 무엇인지 알 수 없다. 그들은 논리를 사용하지 않고서는, 즉 아이의 강렬한 보편적 동기와 정서를 냉철하고 엄밀하게 검토하고 자신의 것으로 만들지 않고서는, 깊은 이해에 도달할 수 없다.

부모는 아이를 가르치기 위해 존재하지만, 반대로 아이가 가르치는 것들도 배워야 한다. 그리고 아이가 부모에게 가르쳐야 할 것들은 매우 많다. 주로 아이는 의식적이든 무의식적이든 부모에게 상상력을 가르쳐야 한다. 상상력은 정의의 원천이자 잔인함에 대한 대항력이다. 이 깊이 있고 초월적인 문제에서 있어서는 두뇌 활동이 심장이 뛰는 것만큼이나 중요하다. 그리고 두뇌 활동의 원재료는 이러한 인간 본성의 근본적인 진실이다. 이를 무시하면 정의는 구현될 수 없다. 그리고 아이들은 다른 사람들에게 정의를 베푸는 데 특별히 관대한 것은 아니지만, 마음속으로는 정의가 무엇인지 알고 있으며 이를 더 많이 원한다. 아이들은 정의 이

상의 것을 원하며, 그들에게 이를 충분히 제공하지 못하면
원활한 관계 유지는 어려워진다. 부모와 자녀 사이의 최고
의 삶 역시 위험에 처할 수 있다. 정의는 아이에게 주는 따
뜻한 우유와 함께 존재한다고 봐도 좋다.

아이를 위한 희생은 없다

아이는 가족 전체의 중심이 되는 것에서부터 삶이 시작된다. 집안에서 가장 중요한 존재가 된다. 이 위대하고, 사랑스럽고, 까다롭고, 연약한 존재를 위해 다른 모든 가족 구성원이 희생한다. 이는 올바른 일이며, 일정 기간 동안은 불가피한 일이다. 어떤 부모들은 그 기간을 과하게 연장하기도 한다. 실제로 아이에게 최대한의 기회를 보장하기 위해 그 기간을 무기한 연장하고, 자신의 전 생애를 희생하고, 편안함과 쾌락은 물론, 자신의 개성을 적절히 발전시키는 것조차 거부하는 부모들이 있다.

부모의 그런 자세는 일반적으로 매우 칭찬받을 만하다고 여겨지지만, 과연 그렇게 칭찬받을 일인지 의심스럽다. 한 생명이 좌절되어야 다른 한 생명이 번성할 수 있다면 인류가 얻을 수 있는 순이익은 그리 크지 않을 것이다. 비록 드문 일이 아닐지라도 두 번째 생명, 즉 자녀의 개성이 계획대로 펼쳐지지 않을 때 이 문제는 더욱 심각해진다. 수세기 동안 나이 든 세대가 젊은 세대를 위해 자신을 희생한 것으로 가정해보면, 그 결과는 인류를 영구적으로 무능하게 만들고 자기 발전을 지속적으로 억제한다. 부모는 자녀의 복지뿐만 아니라 자신의 복지에도 주의를 기울일 만큼 현명해야 한다. 만약 그들이 이 두 가지 목표를 달성하는 데 실패한다면, 그들은 부모가 될 준비가 부족한 것이며 고상한 이상이 아니라 좁은 마음을 가진 것에 비판받아 마땅하다. 왜 자녀가 부모보다 더 중요하게 여겨져야 할까? 부모의 헌신은 즐거운 목적을 가지고 있으나, 그것이 지나치면 부끄러운 일이 된다.

아이는 지각이 성장함에 따라 점차적으로 신과 같던 가족의 중심에서 벗어나야 한다. 자신이 가정 내에서 중요한 존재임을 인지할 만큼 충분한 지혜를 얻었을 때, 아이는 가장 중요한 인물로 대우받는 것을 멈춰야 한다. 많은 부모는 사실상 자녀를 왕좌에 앉히면서도 자녀에게는 마치 그 자리에 있지 않은 것처럼 가장 낮은 자들 중 하나이며 중요하지 않은 사람인 척 한다. 이러한 행위는 아무런 이익도 주지 않고 오히려 해를 끼칠 뿐이다. 특히 그것이 겉치레적이고 가혹한 행동으로 이루어졌다면 더욱 그렇다. 가정의 중심인 모든 어린이는 곧 틀림없이 이를 깨닫게 되며, 그 어떤 엄격한 규율이나 아니라는 믿음이 있어도 그런 깨달음에서 필연적으로 발생하는 마음의 습관을 바꾸지 못할 것이다. 아이는 자신에게 분명한 사실을 부인하려는 시도로 인해 혼란스럽고 소외감을 느끼며 불편함을 경험하게 된다.

이 모든 건 엄격한 훈육 방식을 선택할지, 아니면 자유롭고 유연한 교육 방식을 선택할지와 같은 큰 질문으로 이어진다. 지난 사반세기 동안 아동을 교육하는 데 있어서 엄격한 훈육이 아이를 왕자처럼 대우하며 키우는 양육 방식에 굴복했다는 건 널리 알려진 사실이다. 이런 변화가 그렇게 놀라운 일만은 아니다. 모든 시대의 회고록에서 부모가 자녀를 왕자처럼 대접한다고 해서 아이가 결코 버릇없게 성장하지 않았으며, 가혹한 징계는 개에게나 적합하다고 말하는 것을 발견할 수 있다. 실제로 모든 일반적인 부모의 탄식이 들려오는 듯하다! 그러나 세계의 다른 주요 국가들에 비해 영국은 덜하더라도, 이런 변화가 우리 시대에 훨씬 더 가속화되었다는 점에는 의심의 여지가 거의 없다.

나는 적당한 정도로 왕자처럼 대접해주며 양육하는 것을 선호하는데, 이는 아동 심리에 대한 보다 과학적인 이해의 결과이기 때문일 뿐만 아니라 아이의 어린 시절을 행복하게 만드는 것이 부모의 긍정적 의무라고 생각하기 때문이다. 다른 의무도 있지만, 이것보다 더 중요한 것은 없으며 실패했을 때 이것보다 더 통렬한 후회를 주는 의무도 없다. 어린 시절은 무엇보다도 행복을 누려야 하는 시기이며 불행하고 지루한 어린 시절은 삶 전체에 해로운 영향을 미친다. 나는 한 번도 거짓말을 하지 않는 아이보다 마냥 행복해하는 아이를 더 보고 싶다. 그리고 생기가 없는 아이는 비극적으로 느껴진다. 설사 그 아이가 근면, 시간 엄수, 청결, 공손함, 이차방정식을 푸는 놀라운 실력 등을 보여준다고 해도 말이다.

물론 나도 아이를 왕자처럼 키우는 양육 방식이 항상 행복한 결과로 이어지는 건 아니라고 인정한다. 아이는 자신의 버릇없는 행동으로 인해 불행해질 수 있다. 그러나 그건 분명 그런 양육 방식이 과도하고 적절한 기간을 넘어 계속된 결과이다. 적당한 수준을 지키면 해로움보다는 이로움이 더 많다. 아이는 모든 종류의 엄격한 징계와 규칙으로부터 자주 쉴 수 있는 시간을 부여받아야 한다. 그리고 나 같으면 아이에게 개성을 자유롭게 표현할 수 있도록 하루의 반나절을 줄 것이다. 부모가 항상 위에 있어서는 안 된다. 주기적으로 엄격한 부모의 자리에서 내려와 충분히 애정을 표현하고 충분한 교감이 이루어진 후에 훈육을 시작해야 한다.

놀랍게도 가장 성실히 노력하는 부모일수록 자신의 자녀가 그들 자신만큼 독립적인 감정을 가진 한 명의 인간이라는 사실을 망각하기 쉽다. 대체 무슨 근거로 아이에게 애정을 듬뿍 주며 키워서는 안 된다는 주장하는 것인가? 애정이 아이에게 어떤 해를 끼치는가? '아이를 망친다'의 사전적 정의는 너무 예뻐하기만 하다 보면 아이의 버릇이 없어진다는 것이다. 그러나 어느 정도 버릇없는 행동은 청소년기에 사라진다. 버릇없는 아이들은 예의가 없다는 말을 하곤 하는데 실제 때때로 그렇다. 짧은 기간 동안 그런 아이들은 부모의 친구들에게 골칫거리처럼 보일 수도 있다. 하지만 그런 것조차 아이가 자라면서 점차 사라진다.

영국인 중 일부는 미국과 프랑스의 아이들이 타락했다고 여길 수 있다. 하지만 시간이 지나 이들 국가의 성인들의 예절을 영국의 성인들과 비교해보면, 그 차이는 별로 없음을 알 수 있다. 아이의 요구를 지나치게 충족시키며 키울 때 발생할 수 있는 부정적 결과에 대한 극단적 대응 방안으로, 아이를 어느 식민지로 보내 독립적으로 생활하게 해야 한다는 주장도 존재한다. 그러나 아이들이 방종해진다는 논리는 실제로 근거가 약하다. 더욱이 아이의 모든 요구를 무조건

들어주는 극단적인 방식에 대해서는 나 역시 강하게 반대하는 입장이다.

내가 제안하는 것은 아이가 실수했을 때 관대한 자세로 품어줘야 한다는 것이다.

그러나 이러한 양육 방식에는 두 가지 측면이 존재한다. 아이에 의한 것과 부모에 의한 것이다. 부모는 순수한 게으름이나 아이의 압력에 굴복해 이러한 양육 방식을 따를 수 있다. 마치 부유한 정부가 불만을 품은 장군을 매수해 평화를 얻듯, 부모 역시 불명예를 감수하면서도 평화를 얻기 위해 그런 방식을 선택할 수 있다.

또한 부모는 자신의 허영심 때문에도 자녀를 망칠 수도 있다. 예를 들어 아이는 자기 자랑을 하는 걸 좋아한다. 부모는 아이가 잘난 체하는 것이 나쁘다는 것을 알고 있지만 그들은 누구보다 잘난 아이를 낳았다고 생각하며 자녀가 자기 과시를 하는 걸 부추기고 격려한다. 이런 행동은 현명하지 않으며 가족의 친구들을 지루하게 하고, 실제로 보이지 않는 재능에도 불구하고 기쁨을 연기해야 하는 이중적인 어려움을 추가로 초래한다. 오직 높은 지혜만이 이러한 아이가 나중에 과시적인 행동으로 인해 사회 곳곳에 존재하는 비판적인 성인들로부터 받을 수 있는 가혹한 비난을 막을 수 있다.

그러나 가장 나쁜 양육 방식은 부모가 양심의 평안을 얻기 위해 아이의 응석이나 변덕을 다 받아주고 제멋대로 하도록 방종하는 것이다. 자신이 편리하기 위해 아이의 버릇을 망친 그들은 후회에 사로잡힌다. 그렇지만 그런 양육 방식을 그만두게 만들 만큼의 후회는 아니고, 오히려 아이에게 또 다른 '보상'을 해줄 만큼의 충분한 후회가 되는 경우가 많다. 따라서 폐해는 두 배가 된다. 그들은 아이가 원하지 않거나 불편할 수 있는 방향으로 개성을 발전시켜나가라고 명령할 것이다. 말하자면 그들은 아이를 도덕적 감옥에 가둔다. 그런 다음 그들은 창살 너머를 바라보며 이렇게 외친다. "이 감옥은 너무 평범해 보여. 금으로 장식하자."

그리고 화려하게 금 장식을 마친 뒤에 죄수에게 달콤하게 속삭인다. "창살이 빛나는 걸 보렴. 우리가 너를 얼마나 아끼는지 알겠지? 앞으로는 우리가 너를 사랑하지 않는다는 말은 절대 하지 마라."

이게 완전히 소설 같은가? 전혀 아니다. 흔히 볼 수 있는 실제 사례를 그저 보여준 것뿐이다. 예를 들어 엄마가 이렇게 말한다.

"아니야, 사랑하는 메리. 네 아빠와 나는 네가 예술을 하는 걸(또는 약사가 되는 걸, 부자가 아닌 남자와 결혼하는 걸, 그게 무엇이든지) 동의해줄 수 없어. 하지만 너는 새 옷 세 벌과 더 많은 용

돈을 가질 수 있고, 또 네가 행복해질 수 있다면 우리는 무엇이든 해줄 거야. 엄마 아빠는 네가 행복하기를 진심으로 바란단다."

이는 다음과 같은 의미다.

"우리는 네가 행복하기를 바라. 다만 네가 우리 행복을 방해하지 않는 한도에서만 말이다."

이는 가장 사악한 양육 방식이다. 그리고 이는 특히 가장 세련된 집단에서 아직도 빈번하게 이뤄지고 있다.

"아이들은 행복해야만 한다."

이보다 더 쓸데없는 말은 없다. 그 아이가 반항심이나 버릇이 없어서 불행하다고 생각하는가? 아니면 행복보다 불행을 더 좋아해서라고 생각하는가? 행복은 '해야만 한다', 즉 당위의 문제일 수 없다. 만약 아이가 불행하다면, 유일한 설명은 부모가 장기간 아이의 삶, 즉 자신의 삶을 최대한 잘 살수 있을 만큼 현명하지 못했거나 이타적이지 않았다는 것이다. 아이는 세상에 적응해야 하며 그러한 목적을 위해 어떤 계획을 세울 필요가 있다. 그러나 그 계획을 아이에게 맞춰야지 계획에 아이를 맞춰서는 안 된다. 물론 합리적인 범위 내에서 말이다. 극도로 불행한 아이는 날마다 세상에 적응하지 못한 채 산다. 부모의 계획은 가능한 한 현명해야 한다.

'우리 아이'에 대한 끝없는 욕심

자녀 양육과 관련해 비록 중요하지 않은 것처럼 보이지만 앞에서 언급한 것과 마찬가지로 보편적으로 적용되는 한두 가지 요점이 있다.

첫 번째는 부모가 자신의 자녀를 다른 아이들과 '다르다'고 보는 불가사의한 경향이 있다는 것이다. 모든 성인이 다 다르듯이 모든 어린이도 자신만의 독특함이 있다. 그러나 부모가 생각하는 방식처럼 다른 것은 아니다. 부모들이 중요하다고 생각하는 그런 주요한 특성들은 모든 자녀가 거의 비슷하다. 그리고 이에 반대하는 주장은 대개 부모의 마음속에 존재하는 자만심과 불안에 의해 생겨난 허상이다.

모든 교장들이 자신의 자녀가 완전히 독특하다고 주장하

며 특별한 지도와 교육을 공개적으로 요청하는 부모들에게 이미 익숙해져 있다. 실제로 그런 부모는 소수가 아니다. 교사들은 아래와 같은 부모들의 말에 최대한 인내심을 발휘해야 한다. "드디어 우리 아이에 대해 말할 기회가 생겼네요. 제 아이가 지닌 천재적인 잠재력을 여러분께 소개하고 싶어요." 이런 발언을 들은 뒤 교사들은 평온한 표정으로 돌아서 자신의 일상으로 복귀한다. 이는 교사들에게 익숙한 반응이다.

학생들로부터 최상의 성과를 이끌어내는 방법을 부모보다 교사가 훨씬 더 잘 알고 있을 가능성이 100배나 높다. 그들은 경험이 많고 편견 없이 관찰할 수 있기 때문에 당연히 더 잘 안다. 부모는 겨우 몇 년 동안 몇 명의 자녀를 겪어본 정도다. 하지만 교사는 인생의 절반 또는 거의 대부분을 보내면서 수천 명의 제자들을 다룬다. 그들은 제자들에 대해 하루종일 생각한다. 그리고 종종 걱정되는 제자들에 대해서는 밤새도록 고민하며 뒤척인다. 주변 환경을 살펴보고 내면을 들여다본다. 따라서 교사와 부모 사이에 견해 차이가 있다면 교사가 옳을 확률이 압도적으로 높다.

많은 부모가 다른 모든 아이들이 겪고 있는 문제도 자신이라면 해결할 수 있다는 잘못된 생각을 갖고 있다. 이러한 믿음하에 다양한 시도를 하지만, 그 결과는 종종 유익하기보다는 해를 끼치는 경우가 많다. 예를 들어 집 안을 어질러 놓고 조용히 있지 못하며 시끄럽게 떠드는 행동이 그 예다. 세련되고 예민한 부모에게 있어서 소란을 피우고 날카로운 소리를 지르는 아이들만큼 짜증 나는 것이 또 있을까?

그렇게 세련됨만 추구하는 남녀는 부모가 되어서는 안 된다. 부모의 역할은 무던하고 튼튼한 마음을 가져야 하는 일이다. 일반적인 기준으로도 험하고 힘든 일에 속한다. 아이들은 소리를 질러야 하고, 활발하고 거칠게 움직여야 한다. 그들은 과도한 에너지를 분출할 통로를 찾아야 한다. 언제까지나 낮은 목소리로 "조용히! 이제 조용히!"라고 단속하는 부모들은 자녀를 갖기 전에 양육의 본질을 알아보고 수도원에나 들어가야 한다. 다른 부모가 "정말 교육을 잘 받은 얌전한 아이들이구나"라며 감탄하는 아이들은 희생당하고 발육이 부진하고 감옥에 갇힌 아이들이다.

다음으로는 아이들이 보여주는 끔찍하고, 영원하고, 만족할 줄 모르고, 소름이 끼칠 만큼 불편한 호기심과 질문에 관한 논쟁이 있다. 이 또한 부모에게는 몹시 귀찮은 일이다! 적어도 15년에서 18년 동안 지속되는 부모의 고통이다! 그러나 아이들은 동시에 두 가지 방법으로 교육을 받는다. 그들은 부모와 교사로부터 교육을 받고 또 자신을 스스로 교육한다. 두 가지 방법은 대개 서로 상충되지만 우열을 가릴 수 없이 모두 필요하고 좋은 방법이다.

호기심과 질문은 아이가 스스로 배움을 찾는 자기 교육의 내용을 구성한다. 이는 버릇 없거나 쓸모없는 행위가 아니고 비난받을 만한 부분도 전혀 없다. 호기심과 질문을 무시하는 부모는 자신의 편안함을 위해 부모로서의 의무를 불공정하게 회피하는 것이다. 단순히 권위를 행사하여 질문을 막아버리는 부모는 비열한 사람이며 아이의 눈에도 그렇게 비칠 것이다. 나이가 어린 아이조차도 권위를 부리는 사람은 아량이 좁은 사람이 틀림없다는 것을 잘 안다. 부모의 심리에 대한 아이의 통찰력은 무시무시하며, 아마도 아이의 심리에 대한 부모의 통찰력보다도 뛰어날 것이다.

부모가 아무리 선진적인 방법을 성실히 적용한다 해도 불완전한 자녀를 완벽하게 만드는 데 큰 성공을 기대하기는 어렵다. 하지만 부모는 아이를 미래의 실패로부터 보호하고 좋은 습관을 심어줌으로써 도움을 줄 수 있다. 따라서 부모가 할 수 있는 최선의 선택은 근면과 성실한 자세를 심어주는 것이다. 이는 다양한 단점을 상당히 보완해줄 수 있다. 또한 부모는 훌륭한 예절을 가르칠 수도 있다. 그들은 아이에게 과학적으로 생각하도록 가르칠 수 있으며 모든 원인에는 결과가 있고 모든 결과는 어떤 원인에서 비롯된다는 점을 보여줄 수 있다. 그들은 어떤 형태로든 부정직함은 결과적으로 이익이 되지 않는다는 사실을 아이에게 보여줄 수 있다.

부모는 아이가 세상의 끝없는 경이로움에 눈을 뜨게 할 수도 있고, 자신만의 유머 감각을 키우도록 도울 수도 있다. 부모는 이 모든 일을 조금씩 할 수도 있고 그중 한두 가지에서 상당한 성과를 이뤄낼 수도 있다. 그러나 부모는 아이의 기본 성향을 바꿀 수는 없으며, 수정하는 것도 힘들 것이다. 약한 기질을 강하게 만들 수 없고, 이기적인 성향을 이타적으로, 아름다움에 대한 감정이 적은데 예술적 성향으로, 우울한 성향을 명랑하게, 변덕스럽고 제멋대로인 성향을 신중하고 진지하게, 혼자 있기를 좋아하는데 사교적으로, 내성적인데 외향적으로 개조할 수 없다. 평범한 아이를 비범하고 사랑스럽게 바꿀 수 없는 것과 마찬가지다.

모든 겉모습과는 반대로, 일단 태어난 인간 유아는 무른 진흙이라기보다는 대리석에 훨씬 더 가깝다. 부모는 아이의 기질을 받아들이고 최대한 살려줘야 하며 다른 사람으로 변화시킬 수 없다고 불평해서는 안 된다. 많은 부모가 눈앞에 존재하는 자녀를 위해 노력하는 대신 다른 자녀로 바꾸려고 노력하는 데 돌이킬 수 없는 시간을 낭비한다.

모든 아이는 스스로 삶의 방향을 결정하는 본능을 지니고 있다. 그 본능은 아이에게는 항상 옳은 것이다. 부모에게는 두 가지 길이 열려 있다. 그들은 아이가 보여주는 길을 가도록 지원할 수 있고, 아니면 그 길을 자신들이 원하는 방향으로 바꾸려고 노력할 수 있다. 부모가 가진 편견 때문에 혹은 부모가 편리하기 위해 대개 첫 번째 길을 인정하지 않는다. 또는 자신들이 세상의 원리를 잘 안다고 생각하기 때문에 그 길을 바꾸려고 노력할 수도 있다. 두 번째 방법을 선택하는 것은 단지 바보짓일 뿐이다.

9장

두 번째 인생의 참맛을 찾아서

앞날을 겸허히 수용하고 대비하라

인생에서 언제쯤부터를 중년이라고 할 수 있는지 그 구체적인 시기는 정하지 않겠다. 글의 처음부터 독자들에게 불쾌감을 줄 수 있기 때문이다. 나는 단순히 '어느 시점'부터 중년이 시작된다는 사실을 강조하고 싶을 뿐이다. 이 사실을 부인하는 이는 거의 없을 것이다. 중년은 인간, 그리고 이 인간이라는 유기체가 수행할 수 있는 일들에 있어 많은 중요한 변화를 야기한다. 따라서 우리가 최상의 삶을 추구한다면, 중년의 시작에 대해 심도 있는 주의를 기울일 필요가 있다. 인생의 절반만 최선을 다해 사는 것만으로는 충분하지 않기 때문이다. 우리는 나머지 절반도 최대한 잘 살아야 한다.

"하지만" 누군가는 초조하게 울부짖는다. "왜 문제를 찾아가나요? 왜 나이를 예상합니까? 젊음을 유지합시다. 어떤 대가를 치르더라도 가능한 한 오랫동안 젊음을 유지해야 합니다."

물론 그렇다. 나도 젊음을 유지하는 게 좋다. 그러나 영원히 젊음을 유지할 수 있다고 필사적으로 매달리는 사람들이 확실히 엉터리이듯이, 나는 터무니없는 말을 하는 것을 좋아하지 않는다. 또한 나이와 관련하여 널리 퍼진 부정적인 의견을 내가 제대로 이해하고 있는지도 확실하지 않다. 나이와 행복은 아무런 상관이 없다. 만약 나이가 행복에 영향을 미친다면 인간이라는 존재의 가장 행복한 두 시기는 유년기와 중년기라고 말해도 반대하는 이가 많지 않을 것이다. 젊은이들은 그다지 행복하지 않다. 그들 앞에는 너무 많은 걱정이 놓여 있고, 할 일이 쌓여 있으며 배워야 할 것도 너무 많기 때문이다. 게다가 젊은이의 예민한 감성과 가혹한 판단력은 편협하고 냉혹하다.

많은 사람이 50세를 넘어서도 정기적으로 행복을 경험하지 못한다. 그러나 젊은 시절로 돌아가고 싶냐고 물으면, 그들은 단호하게 "아니오"라고 답할 것이다. 그들은 자신이 인생에서 어디쯤에 위치해 있는지 잘 알고 있다. 반면 젊은이들은 그렇지 않다. 자신이 어디에 있는지 아는 것, 이것이 바로 행복의 기본 중 하나이다. 모든 연령층에는 단점과 보상이 존재하며 이는 서로 균형을 이룬다. 사람들이 후배들에게 "아, 나도 다시 젊어졌으면 좋겠다!"라고 외칠 때, 사실 그들은 기만적으로 정직하지 못한 말을 하는 것이다. 그들은 단지 젊음의 모든 장점과 노년의 모든 장점을 결합하고 싶다는 뜻일 뿐인데, 이는 터무니없는 일이다.

더욱이 일부 사람들이 상상하는 것처럼 젊음이 엄청난 이점을 가지고 있다 하더라도 이를 유지하려고 애쓰는 건 결국에는 불가능하다. 유지하는 척할 수는 있다. 그래봤자 진짜 젊은이들이 쉽게 하는 종류의 일들을 가까스로 해낼 수 있다는 의미다. 이는 신체에 부담을 주고 수명을 단축시킨다. 현명한 자들의 눈에는 우스꽝스러울 뿐이다.

예를 들어 어느 정도 나이가 들면 눈 근육은 원래 상태를 유지하지 못한다. 근육의 주인은 이 불쾌한 사실을 알게 된다. 그는 이렇게 항의한다.

"절대로! 나이 들어 보이지 않을 거야. 내 눈 근육을 강화해서 나이 듦을 막을 거야. 안경? 절대 쓰지 않을 거야!"

쓸모없는 고집이다. 그는 자신이 예전만큼 젊지 않다는 것을 알고 있다. 주변 사람들도 그가 나이 들었다는 사실을 안다. 그는 자신의 행동이 단지 앞으로의 삶의 전망을 해칠 뿐임을 알고 있으며, 주변 사람들도 이 사실을 잘 알고 있다. 결국 흐릿하게 보이는 손수레에 걸려 넘어지는 일이 발생해 안과 의사를 찾아가게 될지도 모른다. 그리고 그는 뱃사람이 뱃멀미를 부끄러워하는 것처럼 안경을 부끄러워한다. 마치 불완전한 시력이 범죄이고 이를 피할 수 있는 것처럼 말이다! 마침내 그는 안경에 익숙해지고 그 덕분에 자신이 얼마나 바보였는지 깨닫게 될 것이다. 시력과 마찬가지로 신체적, 정신적인 다른 기능도 그렇게 변화하고 곧 거기에 적응하게 된다. 어떤 의지력과 가식도 시간의 영향을 피하지도, 벗어날 수도 없다.

시간은 항상 승리하지만, 시간을 존중하고 진심으로 대하는 사람에게는 동지가 되고, 시간을 경멸하는 사람에게는 최대의 강적으로 변해서 큰 패배를 안긴다. 나는 시간 앞에서 비굴하거나 너무 이른 시기에 항복하는 사람을 옹호하는 것이 아니다. 어떤 사람들은 너무 쉽게 무너진다. 이런저런 안 좋은 습관들이 형성되고 건강염려증에 걸려 성격이 까다로워진다. 결국은 나이가 들 것이라는 먼 미래를 핑계로 현재의 과업을 부분적으로 포기한다. 그들은 죽는 순간까지 젊어지겠다고 다짐하는 사람들만큼 어리석다. 다른 모든 것들과 마찬가지로 한 세대에서 다음 세대로의 통합이라는 거대한 과업 역시 상식과 절제 선에서 이루어져야 한다.

따라서 (프랑스인의 표현대로) '두 세대 사이에 낀' 사람은 자신에게 심각한 의무를 지고 있다. 자신을 잘 살펴서 소유한 자원의 가치와 가능한 전망이 무엇인지 최대한 알아보는 것이다. 자신에게 남은 것을 살펴보는 이러한 재고 조사는 육체적, 정신적 두 가지 측면에서 이루어져야 한다. 개인생활의 전체적 기초는 앞에서도 언급했듯이 육체적 측면에 있다. 육체적인 것과 정신적인 것은 서로 반응한다. 그러나 정신이 육체에 미치는 영향보다 육체가 정신에 미치는 영향이 더 크다. 더구나 정신력은 더 오래 지속된다. 60세, 70세, 심지어 80세 이후에도 정신력과 열정을 유지한 남성의 역사적 사례가 적지 않다.

실제로 뇌는 비교적 짧은 휴식 기간을 통해 어떤 피로도 회복할 수 있는 놀라운 능력을 가진 도구다. 반면, 육체적 힘은 시간이 지남에 따라 회복할 수 없는 속도로 약해지며, 이를 정신적 힘으로 보존하는 방법은 존재하지 않는다. 운동 선수가 현역으로 활동할 수 있는 기간을 생각해보라. 굉장히 짧고 40세가 넘어서도 운동을 계속하는 일류 선수는 극히 드물다. 건강이 유지되는 한 육체적 힘은 줄어들어도 정신력은 손상되지 않는다. 그러나 어떤 나이에서든 건강이 좋지 않으면 정신력은 아니더라도 이를 사용하려는 의지에는 영향을 미칠 수 있다. 물론 마음 상태에도 영향을 미친다.

일반적으로 행복은 의로운 생활이나 깨끗한 양심의 결과가 아니라 건강의 결과다. 어느 철학자는 이렇게 말했다.

"착하게 살면 행복합니다."

이 말을 다음과 같이 바꾸면 의미가 더 정확해진다.

"건강하면 행복합니다."

나쁜 건강은 나쁜 양심보다 훨씬 더 심각하게 인생을 파괴한다. 많은 사람이 현명함과 성실함, 이타심을 행복의 조건으로 꼽는데, 이런 덕목들은 우선 아침에 먹은 음식이 소화가 잘 이루어져야 발휘할 수 있는 것들이다. 반면에 많은 사람들은 자신의 불행을 설명할 때 몸 상태가 아니라 마음을 먼저 이야기한다. 그리고 무엇보다도, 많은 사람이 자신의 건강이 좋지 않은데도 불구하고 이를 잘 인식하지 못하고 있다.

그러므로 재고 조사라는 드라마의 첫 번째 장은 육체적 측면을 다뤄야 한다. 언제 재고 조사를 실시해야 하는지는 당사자 외에는 그 누구도 결정할 수 없다. 그러나 의심스러운 경우에는 빠를수록 좋다. 또한 (달력 기준으로) 나이가 들어도 신체적 퇴화 증상을 전혀 느끼지 못한다고 해서 건강 상태를 재점검하는 것을 미루는 것은 바람직하지 않다. 정기적으로 운동하는 사람들 사이에서는 피로가 어느 정도 누적되기 전까지는 신체적 변화를 크게 느끼지 못한다는 사실이 잘 알려져 있다. 계속해서 스트로크를 놓치는 한 잔디 테니스 선수는 이렇게 말했다.

"아직 내 몸이 사실을 알아채지 못하고 있지만, 내 몸은 지쳤습니다."

재고 조사로 손해 볼 것이 없으며 상당히 많은 장점을 얻을 수 있다. 심지어 예상하지 못했던 이익도 볼 수 있다. 어떤 사람은 자신이 노화하고 있다는 느낌을 받고 재고 조사했을 때, 그 느낌의 원인이 제거할 수 있는 일시적이고 사소한 것이었음을 발견하기도 한다.

육체적 측면을 철저하고 완전하게 검사할 수 있는 의사는 재고 조사에 필수적이다. 아무리 훌륭하더라도 나를 정기적으로 진찰하던 주치의는 재고 조사 검사자로서 적절하지 않다. 당사자의 신체에 대해 고정관념이 있을 수 있기 때문이다. 경험에 의한 편견이 없는 새로운 진찰자가 가장 바람직하다. 당연히 주치의와 외부 의사 모두를 만나보는 것도 이점은 있다. (다만 다 같이 모여 상의하는 것은 좋지 않다!)

실제 재고 조사 후 당사자는 우리가 인생이라고 부르는 이 평범한 고난 속에서 어디쯤 위치하고 있는지 그 행방을 어느 정도 알게 될 것이다. 그는 무엇을 두려워해야 할지, 무엇을 의지해야 할지도 파악할 수 있다. 자신의 한계가 무엇인지, 무엇을 안전하게 할 수 있는지, 위험한 건 무엇인지도 알 수 있다. 나이에 관한 피상적인 이야기가 아니라 자신의 실제 신체 나이를 알게 될 것이다. 그는 안심할 수도 있고, 놀랄 수도 있다. 하지만 놀랐더라도 전혀 예상하지 못했던 구덩이에 갑자기 빠지는 것보다는 반갑지 않은 사전 경고를 받고 예방 조치를 취하는 편이 훨씬 낫다. 현명한 사람이 치통을 기다리지 않고 정기적으로 치과 의사를 방문하는 것처럼, 인생에서 동년배들이 나이 먹어 가는 모습이 자꾸 눈에 걸린다면 자신이 겉보기에는 건강해 보이더라도 의사를 방문해야 한다. 우리 중 상당수는 다른 사람들이 나이가 들어도 자신은 영원히 젊음을 유지할 수 있다는 착각에 빠져 있다. 물론, 완전히 잘못된 생각이다.

인생의 방향 감각을 다시 세워라

"내 인생 절반 이상이 지나갔다. 아마도 인생의 3분의 2가 지나갔을 것이다. 내 두뇌는 예전처럼 총명하고 아마도 오랫동안 이 상태를 유지할 것이다. 하지만 내 에너지는 예전과 같지 않고 그럴 수도 없으며 점차 줄어들 것이다."

이는 최고의 삶을 살고자 하는 사람이 재고 조사의 두 번째 부분, 즉 정신적 측면에 접근할 때 가져야 하는 마음의 틀이다. 다소 비장하게 들릴 수 있지만 이론의 여지 없이 그렇다. 진지한 각오로 비장한 마음을 먹지 않는 사람은 최고의 삶을 살지 못할 것이다. 유쾌한 낙관주의가 만사형통은 아니다. 때로는 사실을 직시하고 이를 똑바로 바라보며 즐거운지, 불쾌한지 확실히 알아내는 것이 필요하다.

이 재고 조사 분야에는 의사가 필요하지 않다. 그보다는 주변의 친구를 둘러보라. 누가 묻지도 않았는데 자신의 의견을 늘어놓는 친구나 쉬지 않고 수다를 떠는 친구들의 조언보다는 내성적이고 사려 깊은 친구가 가벼운 말처럼 던진, 하지만 큰 의미를 내포한 조언에서 더 큰 도움을 받을 수 있다. 그러나 궁극적으로는 스스로 재고 조사 해야 한다. 하지만 우선 자신에게 정직하지 못하면 이 일을 할 수 없다. 그리고 한밤중이 아닌 때에 자신에게 정직해진다는 건 쉽지 않다.

다음과 같은 질문을 하고 대답해보자.

"나는 어떤 길을 걷고 있다. 이 길은 어디로 나를 인도하는가?" 우리는 인생이라는 길에 너무 익숙해져 있고, 늘 발 아래만 보고 걷느라 길의 방향을 잊어버린다. 실제로 전혀 목적지가 없는 길을 걷고 있을 수도 있다. 자신이 앞으로 곧게 나아가고 있다고 생각하는 사람들도 있지만, 현실에서는 어두운 숲속을 헤매는 나그네처럼 빙글빙글 제자리에서 맴돌 뿐인 경우가 많다.

"야망을 품었던 나, 그걸 여전히 잊지 않고 있다. 내 목표에 조금이라도 더 다가섰을까? 의미 없는 나이에 이르기 전에, 그 야망을 실현할 수 있는 객관적인 가능성은 얼마나 될까?"

방향 감각을 상실한 다른 많은 사람처럼, 현실적 가능성을 잊고 홀로 고군분투하며 투쟁에만 열중하는 사람들이 있다. 그들은 맹목적이고 완고한 자세로 살아가며, 그런 삶의 태도를 세상에서 가장 중요한 가치로 여긴다. 10초 안에 100미터를 달리겠다고 결심한 운동선수를 상상해보라. 그는 시도하고 또 시도한다. 노력을 멈추지 않는다. 그러다가 40세에 이른다. 야망을 이루기에는 절망적인 상황이지만 여전히 노력한다. 그렇다, 이 사람은 바보다! 용감하고 인내력이 있지만 야망과 관련된 문제에 있어서는 분명히 바보다! 그러나 더 큰 야망을 추구하는 데 있어서도 저 나이 많은 운동선수만큼 어리석은 사람들이 있다. 그들은 이렇게 자문한다.

"나는 전진하고 있는데 내가 기대한 만큼 이뤄내고 있는 걸까? 그렇지 않다면, 내가 기대가 너무 큰 걸까, 아니면 방법이 잘못된 걸까?"

"나는 내 곁의 가족과 친구들을 합리적으로 행복하게 만들고 있는 걸까, 아니면 불합리하게 불행으로 이끌고 있는 걸까?"

야망이 이기심, 무자비한 무관심, 심지어 잔인한 괴물로 변하는 사람들도 있다. 그들은 야망이 모든 것을 정당화한다고 확신한다. 아니, 그들은 스스로를 세상의 황금으로 여긴다.

"내 의식은 명확한 걸까? 누구의 의식도 완벽하지는 않지만 다들 견딜 만한 걸까? 그렇지 않다면 명확한 의식을 가지기 위한 첫 번째 단계는 무엇일까?"

"나는 행복한가? 누구도 완벽하게 행복할 수 없고, 그렇게 행복해서도 안 되지만, 나는 공정하게 행복한가? 그렇지 않다면 이유는 무엇일까? 내 본능이 계속해서 충족되지 못해서일까, 아니면 행복하려고 노력하지 않아서일까? 아니면 나와 영향을 주고받는 인간들 때문일까?"

"노년의 날들은 아직 멀었지만, 어찌 되었든 하루하루 다가오고 있다. 노년의 공포는 고독, 방치, 권태, 활동 부족, 의존, 기회를 놓쳤다는 좌절감, 공평하지 못한 세상에 대한 억울함 등이다. 그 공포를 없애기 위해, 아니면 최소화하기 위해 나는 지금 무엇을 하고 있는가? 나는 생의 마지막 순간들을 위해 충분히 준비하고 있는가? 나는 오랜 우정을 잘 유지하고 새로운 우정을 준비하고 있는가? 주업에 매달려 있는 동안에도 사이사이 틈을 내어 노년의 나를 위해 작은 일들을 준비하고 있는가? 관성에 너무 깊이 빠져들어 결코 빠져나올 수 없는 지경은 아닐까? 내가 게으른 걸까?"

이렇게 자신에게 솔직하게 묻고 정직하고 진실되게 대답하는 것은 자신을 객관화시켜 마치 다른 사람인 것처럼 바라보는 엄청난 과업이다. 그러나 삶을 온전하게 살기 위해서는 이 과업을 달성해야 한다. 올바른 방법을 알게 되었으니, 필요한 조치를 찾아 적절히 적용하는 데 주저하지 말아야 한다. 중년 남성은 젊은이에 비해 어떠한 위기 상황에서도 엄청난 이점을 가진다. 바로 경험 때문이다.

여성의 경우는 다르며 훨씬 더 어렵다. 어떤 본능은 남성보다 여성에게 더 심오하고 강력하다. 여자들은 추앙받고 싶어 한다. 남자들도 물론 그런 마음이 있지만, 적어도 여성들과 같은 정도는 아닐 뿐더러 이를 위한 재능도 같지 않다. 여성은 젊음, 아름다움, 매력으로 추앙받기를 원한다. 사실 여성은 반대 성별보다 이를 위한 본능적 재능을 지니고 있다. 상황이 잘못 돌아가면 비난은 여성뿐만 아니라 남성에게도, 추앙받는 사람뿐만 아니라 추앙해야 하는 사람에게도 책임이 가해진다.

남자는 주로 자신의 에너지, 두뇌 및 보호 능력에 대한 존중에 기뻐한다. 25세 때와 마찬가지로 50세에도 존중받을 가능성이 크다. 아마도 오히려 더 나은 상황일 것이다. 그는 노년의 시작을 비교적 평온하게 받아들인다. 반면 여자는 시간을 자신의 적으로 간주한다. 왜냐하면 시간은 그녀에게서 추앙받는 두 가지 특성을 단계적으로 빼앗아가고 최악의 경우에는 세 번째 특성마저 손상시키기 때문이다. 의심할 여지 없이, 다른 조건이 동일하다면 남자는 35세 여자보다는 25세 여자를 선택하고, 45세 여자보다는 35세 여자를 선택하게 될 것이다. 기적적으로 매력을 잘 유지했더라도 말이다. 이런 주장이 부당하다고 항의할 수도 있지만, 사실이 그렇다.

젊음에 대한 욕구는 본능이다

평범한 여성은 무자비한 적수에 맞서 자신의 매력을 잃지 않기 위해 매일의 투쟁에서 노고를 아끼지 않을 것이다. 그리고 그런 여성을 돕기 위해 점차적으로 생겨난 것들은 거대하고 복잡하며 매우 인상적이다. 어떤 중요한 도시에 가더라도 그 중심부에 위치한 가장 눈에 띄는 건물은 여성의 매력을 높이고, 실제보다 더 젊어 보이고, 더 많은 눈길을 받도록 돕는 사업에 전적으로 또는 주로 전념하고 있다는 것을 알게 될 것이다. 실제보다 더 아름답게 보이기 위해, 자연의 실수가 더 눈에 띄지 않도록 숨기거나 가장하기 위해 갖가지 상품들을 판다. '상점'이라는 용어는 이제 여성 의류 및 화장품을 파는 가게로만 인식될 정도가 되었다. 다른 물건을 파는 곳은 하찮아졌다.

남성복 재단사가 주요 거리에 매장을 두는 경우가 거의 없어졌다. 작은 간판마저 거의 눈에 띄지 않는다. 대개 골목길에 자리 잡고 있으며 전면 유리창에 전시도 하지 않는다. 남성의 치장이나 매력을 되찾는 데 목적을 둔 거대한 건물이 갑자기 우리 도시에 세워지고, 그 앞의 도로가 외모를 꾸미기 위해 최선을 다하는 남성들로 붐비고, 건물 기둥이나 신문에 남성복 할인 광고가 날마다 넘쳐나고, 관심을 끌기 위해 계산된 자세로 포즈를 취하는 남성들의 사진이 거리 곳곳에 내걸려 있는 광경을 상상해보라! 그런 현상이 일어난다면 그 효과를 상상해보라! 그러면 조직화된 사회의 삶에서 여성의 치장이 하는 역할, 즉 남성과 여성을 막론하고 거의 모든 사람이 승인하고 장려하는 역할이 얼마나 큰지, 가능한 한 젊고 매력적인 외모를 유지하려는 여성의 욕망이 얼마나 거대한 힘인지 깨닫게 될 것이다.

이러한 상황이 전적으로 또는 주로 여성의 결혼 욕구 때문이라고 생각하지 마라. 그리고 여성이 남성보다 많기 때문에 남성을 놓고 여성 사이에 치열한 경쟁이 존재하기 때문이라고도 생각하지 마라.

대중의 마음속에는 남성의 상대적 희소성이 과장되어 있다. 결혼 가능 연령 여성 20명당 남성은 대략 19명이다. 이 정도의 불균형은 '상점'의 엄청난 번영을 설명하기에 충분하지 않다. 나는 여성이 남성보다 결혼을 더 열망한다는 사실을 인정하면서도, 이러한 '상점'의 번영이 내 입장에 반대되는 주장인 것은 아니다. 왜냐하면 원하는 남자를 얻은 이후에도 젊고 아름답게 보이려는 여성의 본능은 강렬하게 지속되기 때문이다. 모든 세상만물의 이상하고 놀라운 성향은 자연의 기본적이고 불변하는 법칙에 기인한다. 여기에는 다른 정당화가 필요하지 않다.

이 본능은 너무나 영향력이 커서 남편에 대한 순종이 헛된 결과로 돌아오고 심지어 비극이 되더라도 여성들은 최선을 다해 외모를 가꿀 것이다. 얼굴에 루즈와 파우더를 두껍게 바르고 있는 저 주름진 여인을 보라. 하늘은 그 이유를 알 것이다. 터무니없을 만큼 어울리지 않는 젊은 의상을 보라. 젊은 여자의 걸음을 흉내 내는 것을 보라. 전혀 아름다움을 느낄 수 없다. 그녀는 무엇을 바라는 걸까? 내가 그녀의 바람을 말해주겠다. 그녀는 사람들이 자신을 조금 떨어진 곳에서 봤을 때 2초, 그렇다, 2초 동안이라도 자기 나이의 절반인 여자로 착각하기를 바라고 있는 것이다. 그리고 그 2초의 관심과 감탄을 얻기 위해 그녀는 몇 시간 동안 독창적이고 전문적인 노력을 기울일 것이다. 이것이 바로 원초적 본능의 놀라운 지배력이다.

물론 이와 같은 사례는 극단적이다. 그러나 대다수 여성은 자신이 영원한 젊음을 지킬 수 없다는 것을 알면서도 이를 지키려고 중년의 투쟁을 시작한다. 이 문제에서 여성다움의 최고 상징은 발레리나다. 그녀는 추앙받고, 구애받고, 환대받고, 투정을 부리고, 박수받고, 숭배받는다. 그러나 그녀의 마음속에는 일정 나이가 넘으면 대중 앞에서 춤을 출 수 없고, 춤을 추는 것이 허락되지도 않는다는 암울한 운명이 자리 잡고 있다. 그리고 그녀가 박수를 전혀 받지 못하게 될 때가 확실히 다가오고 있으며, 소수의 충실한 친구들만이 동정심으로 그녀를 되돌아볼 것이다. 그리고 그녀는 한때 자신이 차지했던 자리를 차지하려는, 자신보다 더 젊고 아름다운 다른 사람들을 가르치는 일에 전념하게 될 것이다.

시간의 흐름에 초연해지는 방법

그럼에도 불구하고 일반 여성의 운명을 너무 어두운 색상으로 덧칠할 필요는 없다. 실제로 마흔이 넘은 여성들이 사라진 육체적 매력 때문에 잡초를 헤집고 다니거나 대중버스에서 흐느껴 우는 모습을 보지 못하지 않는가? 왜냐하면 그들의 모습은 더 이상 탐색하는 남성의 시선을 멈춰 서게 하지 않기 때문이다. 어쨌든 그들은 호기심 많은 세상으로부터 멀어지는 데 익숙해지기 마련이고, 매우 강렬한 만족감을 잃어버린 상실감과 어느 정도 화해할 수 있는 보상을 찾는다. 이는 모든 사람이 알고 있는 사항이다. 동시에 우리는 이 중대한 문제를 너무 가볍게 무시해서는 안 되며, 어떤 경우에는 여성이 중년에 도달하는 것이 남은 생애 동안 결코 완전히 회복할 수 없는 엄청난 비극이라는 사실을 무시해서도 안 된다. 또한 남성은 일반적으로 여성이 말하지 않는 고통에 대해서는 너무 무관심하다는 점을 유의해야 한다. 여성의 고통은 끔찍한 진실을 반영한다. 거리에서 행인이 무심코 던지는 경멸의 시선에 그 고통은 강화된다.

여성이 육체적으로 매력적인 시기를 보내다가 인생의 잠잠한 시기로 건너가는 과정에서 어떻게 고난이 없을 수 있겠는가?

우리는 세월이 비극을 가져온 한 여인의 사례를 조사함으로써 그 질문에 대한 답을 찾을 수 있다. 그러한 여성들은 추앙받기 위해 살아왔다. 오직 추앙받는 데만 의존했을 뿐 다른 어떤 수단도 없었다. 실제로 그녀는 자신에게 힘과 기쁨을 주는 자질이 영원히 지속될 것이라고 생각했다. 이는 사전적인 의미에서 저축으로 사는 것보다 더 못한 선택이다. 그녀는 아무런 이자도 주지 않고 점점 더 가치가 사라지는 일종의 기만적인 자본에 의지해 산 것이다.

그녀는 자신의 가장 신뢰할 수 없는 부분에만 사회의 애정과 관심을 요구했다. 사회는 받지 않고도 줄 준비가 되어 있었기 때문에 그녀는 주지 않고 받는 것에 만족해 살아왔다. 그녀는 자신이 응석받이가 되어 가도록 놓아두었다. 그녀는 현재를 이용했다. 달걀을 한 바구니에 담아놓고 다른 여성들의 보편적 경험으로부터 지혜를 얻으려 하지 않았다. 그녀는 다가오는 미래의 발소리에 귀를 닫았다. 그녀는 자연의 원리를 부정한 채 너무 오래 버텨왔다. 그녀는 기적을 믿었다… 세상에 기적은 일어나지 않는다….

이 사례는 다행스럽게도 예외적이지만 절대로 극히 드문 것은 아니다. 평균적인 여성은 어느 정도 감각을 가지고 본성에 잠재된 상냥함에서든지, 아니면 단순한 이기심에서든지, 제때 완전한 상실에 대비하기 시작한다. 그녀는 추앙받고자 하는 마음을 내려놓고 더 나은 종류의 덕목을 찾는다. 그녀는 만족하지 않고 앞으로 나아갈 길을 찾아 떠난다. 과거에는 별 노력 없이 기쁨을 줄 수 있었다면, 이제 그런 능력은 일시적이라는 것을 깨닫고 새롭고 지속적인 능력을 배운다.

그녀는 시간에 종속되지 않은 자신의 관심사를 창조한다. 모든 측면에서 빈곤한 미래가 도래하는 것에 대비한다. 그녀는 몇 명의 개인이나 집단에 없어서는 안 될 존재다. 시간은 친절한 미소의 가치를 결코 시들게 할 수 없으며 이타심과 헌신이 그 무엇도 감히 훼손할 수 없는 마법을 부린다는 사실을 이해한다. 그녀는 기쁨을 주려고 노력한다. 이는 정직하게 시도하면 실패할 수 없는 노력이다. 그녀는 기뻐하고 싶은 욕망을 즐거움을 주고 싶은 욕망으로 대체한다. 그녀는 한쪽에서 터전을 잃자마자 다른 쪽에서 터전을 확보한다. 그녀는 강력한 적을 존중하듯이 미래를 존중한다. 시간의 흐름을 성공적으로 거역할 수 있는 유일한 방법, 즉 금이 녹슬지 않는 것처럼 시간의 접촉으로부터 면역되는 방법으로서 정신과 마음의 힘을 기른다. 그녀는 이 놀라운 일들을 의식적으로, 아주 이기적으로, 아니면 아주 이타적으로, 완벽하게, 또는 미리 정해진 계획에 따라 하는 게 아닐 수도 있다. 하지만 어떻게든 그녀는 그렇게 한다.

그 결과가 모든 여성에게 언제나 완전히 만족스러운 건 아니다. 아니 그런 경우는 극히 드물다. 하지만 이 흥미롭고도 설명하기 힘든 세상에서 어느 정도 만족할 만한 결과가 이루어진다는 건 다행스러운 일이다. 중년 여성이 없다면 세상은 실제보다 훨씬 더 암울해질 것이다.

많은 여성이 남자와 같은 규모로 또는 남자와 같은 시기에 재고 조사를 할 필요는 없다. 그녀들은 결혼하고 아이를 낳는다. 살아가는 방식은 정해져 있으며 이를 바꿀 수도 없다. 게다가 그녀들은 바꾸고 싶은 마음도 거의 없다. 그들의 존재는 이미 충만하다. 그들은 흥미를 느끼고 심지어 몰입하기까지 한다. 그리고 그들은 운명이 평균적인 개인에게 보장하기로 결정한 만큼의 행복을 누린다. 하지만 결국 재고 조사를 피할 수는 없다. 자녀가 성장해서 떠날 때 보통 엄마에 대한 불안감을 드러내지만, 그렇다고 자신이 떠남으로써 생기는 공백을 메우기 위해 어떤 진지한 시도를 하는 경우는 거의 없다. 그러므로 엄마는 제때에 자녀의 아버지와의 관계에 대한 재고 조사를 면밀히 해야 한다. 너무 늦은 시기까지 피할 수도 없지만 더는 필요 없는 부속물 같은 존재로 취급하는 경우가 많기 때문이다. 또한 엄마는 공백을 메우기 위해 자신의 미래를 위한 준비도 재고조사해야 한다. 물론 손주들이 그 공백을 부분적으로 채울 수 있지만, 자신의 조부모가 그랬던 것처럼 확신할 수는 없다.

50~60세의 여성은 어느 날 아침 잠에서 깨어나 자신에게 남아 있는 삶의 의미가 아무것도 없다고, 또는 충분하지 않다고 느낄 수도 있다. 왜냐하면 현재를 충분히 만끽하며 살 때에는 그 매력에 너무나 심취한 나머지 미래를 잊어버렸기 때문이다. 그러나 그녀는 지금 지루하다. 지루함은 일반적으로 치명적인 질병인 정맥염, 기관지염, 관절염보다 더 많은 중년을 죽인다.

인생의 즐거움을 위해 전적으로 자신의 자원에만 의존해야 할 것 같은 여성들이라면 남성보다 훨씬 일찍 재고 조사를 해야 한다. 그녀들은 더 일찍 성숙하고, 저물고, 방향이 일찍 정해지기 때문이다. 마흔까지 재고 조사를 미루는 미혼 여성은 너무 늦었을 수도 있다.

전문직 여성은 자신의 커리어 전망이 어떤지 현실적으로 조사해야 하고, 자신의 직업이 궁극적으로 자신을 실망시키지 않고, 또 만족 대신 후회만 안겨주지 않을 거라고 스스로를 이해시켜야 한다. 직업을 사랑하는 여성은 거의 없다. 대개는 한동안 격렬하게 직업에 사로잡혔다가도 결국에는 열정이 증오로 변한다.

상속재산으로 생활하는 미혼 여성은 끔찍한 위험에 직면해 있다. 유럽 대륙 곳곳을 돌아다니며 그 위험을 피하려고 애쓰지만, 도망가는 것으로는 결코 그 위험을 피하지 못하는 모습을 보게 된다. 여성적 속성을 꽃피워야만 상황이 부여한 시련에 맞서 승리할 수 있다. 유럽의 호텔들은 초기 재고 파악을 소홀히 한 여성들이 겪는 숨겨진 비극으로 얼룩져 있다.

음식, 의복, 주거지를 다른 존재의 생명이나 변덕에 절대적으로 의존하는 독신 여성은 최악의 곤경에 처해 있다. 그녀는 실제로 너무 무력해서 조사할 재고도 없을 수 있다. 여자가 이런 상황에까지 놓여서는 안 되며, 설사 이런 상황에 놓인다면, 단지 그 존재만으로도 그녀들의 어린 시절을 책임진 사람들에게는 치욕스러운 일이다.

10장

현명하게 산다는 것은 힘껏 사는 것

공동체 없이 개인의 발전은 없다

어느 날 아침, 나는 우연히 길에서 한 젊은이가 동료를 향해 격렬하게 말하는 것을 들었다.

"이 세상 모든 일은 자기 자신을 위한 거야, 분명히 말하는데 나는 반드시…."

나는 가만히 서서 들을 수 없었기 때문에 그 청년이 무슨 끔찍한 일을 하려 했는지는 알 수 없었지만, 그가 인생의 진실을 알지 못하고 최고로 잘 산다는 것이 무엇인지조차 모른 채 인생을 최악의 상황으로 몰아갈 만큼 어리석다는 정도는 판단할 수 있었다.

사회의 철학을 한마디로 요약한 이 청년은 인간 본성과 인류의 친절에 대한 신념이 부족했다. 그는 조직화된 공동체의 권리와 특권을 누리고 있음에도, 자신의 논리대로라면 어떠한 조직화된 사회도 존재할 수 없었을 것이라는 점을 인지하지 못했다. 이런 상황이라면 우리는 여전히 원시적인 상황 속에서 서로에게 야만적으로 행동해야만 했을 것이다. 그는 자신의 권리와 특권이 유지되기를 바라면서도 공동체의 존재를 부정하는 듯한 자유로운 행동을 추구했다. 그의 사회에 대한 태도와 일반 사람에 대한 평가는 모두 완전히 잘못되었다. 그는 분명 이기적인 성향을 지니고 있을 것이다. 또한 그는 인간 본성이 완전하지 않다는 사실 때문에 불행을 겪었고, 그로 인해 자신의 가치관이 왜곡된 경험을 한 것으로 보인다.

동료 인간들에 대한 일반적인 반감과 경멸을 갖는 것보다 지상의 행복 추구에 더 치명적인 것은 없다. 그리고 이보다 더 불공평하거나 오만할 수 있는 것도 없다. 우리의 평범한 주변 인간들은 상당히 친절하고 적극적인 양심과 의무감에서 영감을 받는, 꽤 괜찮은 품성을 지니고 있다. 모두가 항상 자신만을 생각하며 자신만의 이익을 위해 싸우는 건 아니다. 인간은 끊임없이 공동체를 생각하고 공동체의 이익을 위해 자신의 욕망을 억제하지만, 그 노력이 결국 자신의 이익이라는 것을 알 만큼 지혜롭다.

이 모든 것을 어떻게 알 수 있을까? 내가 보통 사람들에 대해 이렇게 낙관적인 결론을 내리는 이유는 무엇일까?

이러한 질문에 대한 대답은 만약 공동체의 평균적 구성원이 사명감과 자제력, 공정한 게임에 대한 본능, 자기희생에 대한 준비가 충분히 되어 있지 않았다면, 지금의 엄청난 장점을 가진 사회가 생겨날 수 없었고 유지될 수도 없다는 것이다. 만약 사회의 평균적 구성원이 앞의 젊은이가 묘사한 대로 개인주의로 무장한 맹수들이라면, 공동체가 어떤 기적에 의해 창조될 수 있었을까? 길어봤자 2주일이면 산산조각이 났을 것이다. 보통 사람을 평가하는 기준은 그가 속한 공동체다. 만약 어느 공동체가 정의, 안전, 위안의 분위기로 이루어져 있다면 그곳에 속한 보통 구성원들은 멸시나 혐오를 받거나 심지어 비웃음의 대상이 되어서는 안 된다. 그들은 사랑과 존중을 받을 자격이 있다. 그리고 자신이 속한 공동체의 구성원들을 존중하지 않는 사람은 배은망덕하거나 사악하고, 마음에 병이 들었거나 자기중심적인 어릿광대이거나 그저 단순한 바보일 뿐이다. 이는 확실하다.

자신을 둘러싼 공동체와 다툼을 벌이는 사람은 행복하게 살기는커녕 편안하게 살 수도 없다. 그런 적대적 자세는 지속적이고 직간접적으로 모든 관계에 영향을 미친다. 이는 마치 영구적인 전쟁 상태와 같다. 결코 약해지지 않는 어떤 자극적인 원인으로 신체가 끊임없이 조금씩 중독되는 것과 같다. 이는 깊은 원한이 작용하는 원리와 같다. 전체 인류를 비난하는 것과 버금간다. 이는 모든 인류가 틀렸고 자신은 옳으며, 하늘이 지혜의 유일한 저장소로 자신을 선택했다는 것인데, 그 근거는 오직 자신의 생각뿐이라는 것을 의미한다. 이런 생각은 당사자를 독선적으로 만들고, 한 개인에게 일어날 수 있는 최악의 상황이다. 독선은 가장 치명적인 종류의 집착이다. (다행히 전염병은 아니지만, 환자의 주변 동료들에게 극심한 고통을 준다.) 또한 지구상에서 가장 큰 사회적 갈등을 일으키는 원인 중 하나다. 개인의 진정한 성공과 행복을 가로막는 가장 큰 장애물이기도 하다. 환자에게는 기분 좋은 생각일 수도 있다. 왜냐하면 이 불쌍한 사람은 인류의 우둔함과 무지를 걱정하고 자신의 수준으로 끌어올릴 수 없다는 사실에 답답해하면서도 자신의 놀라운 우월함에 천성적으로 기뻐하기 때문이다. 때때로 그는 세상의 관점에서 자신이 골칫덩이로 보일 거라는 생각을 하기도 하는데, 맞다. 그는 확실한 골칫덩이다.

사람은 가족의 본성과 마찬가지로 인류의 본성에 대해서도 내적 평화를 느끼면서 살아야 한다. 나는 이를 굳이 한번 더 강조하고 싶다. 다른 사람들의 표준과 관행에 완전히 동의할 의무는 없지만, 그들이 평균적으로 자신만큼의 선의를 갖고 있으며 자신보다 죄를 짓지 않고 산다는 점을 겸

손한 자세로 인정해야 한다. 우리는 인류를 멸시하거나 미워하지 않을 의무가 있다. 가능한 한 동료 인간을 사랑하기 위해 노력하고 자신보다 어려운 이를 위해 베풀 수 있는 마음을 가져야 한다. 어떤 경우에도 존재 자체를 거부하지 않을 의무가 있다. 위의 젊은이는 "결국 나는 누구인가?"라는 반성을 자주 하면서 자신의 마음을 훈련할 수밖에 없다. 그리고 공동체의 기준과 관행이 자신의 고유한 이상에 아무리 미치지 못하더라도 공동체는 인간으로 구성되고 자신도 인간이라는 사실을 기억해야 한다.

그리고 그는 이렇게 말해야 한다.

"이것이 인간의 본성이며 나는 그 일부이다."

그런데도 너무나 많은 숫자의 사람들이 인간 본성의 불완전함에 놀라며 일생을 보낸다. 그들은 매일 아침 일어나서 우리 안에 있는 인간성이 변하지 않은 것을 새롭게 확인하고 충격과 고통을 받는다. 그들은 이런 사실을 받아들이려 하지 않으며 현재보다 100퍼센트 완벽해지지 않는다는 이유로 비난하고 혐오하며 경멸한다. 그리고 같은 놀라움 속에 슬픔에 잠겨 죽어간다.

그렇지 않고 인간의 본성을 인정한다면 그들은 이를 냉소적으로, 나쁜 농담으로, 그들 자신에 대한 개인적 시련으로 전혀 설명할 수 없고 개탄스러운 것으로 받아들인다.

그들은 이렇게 말할 것이다.

"그렇게 재미마저 없다면 비극일 뿐이지."

그들은 현실에 적응하지 못하며 자신이 있는 곳이 천국이 아니라는 이유로 끊임없이 눈살을 찌푸린다. 인간이 보여 줄 수 있는 최고를 생각하는 것이 아니라 습관적으로 최악의 것을 생각한다. 누군가에 관한 잘 알지 못하는 나쁜 이야기를 듣게 되면 그 선입견에 따라 그를 평가하고, 바라보고, 대우한다. 그들은 "타인의 관점이 아니라 자신이 직접 겪는 대로 사람을 받아들여라"라는 가장 오래되고 현명한 격언이 선물하는 지혜를 온전히 무시한다. 그들은 인류가 유죄로 입증될 때까지 무죄로 추정하는 대신 무죄가 입증될 때까지 유죄로 추정한다. 직접 기소도 하고 재판석에 앉아 판결도 내린다.

이 모든 것은 매우 어리석고 편협하며 조급한 그들의 성향을 보여준다. 더욱이 이는 그들 자신에게 극도로 해를 끼치는 일이다. 그들의 삶을 시들게 하고 판단을 망친다. 그리고 이런 성향은 개가 짖어도 순조롭게 흐르는 강물처럼 제 갈 길을 가는 인간 본성에 유익한 영향을 미치지도 않는다.

내가 설명하려고 한 그대로의 인간 유형이 우리 가운데 셀 수 없이 많지는 않을 것이다. 비록 하늘은 얼마나 많을지 알고 있을 테지만. 중요한 점은 우리 모두 일정 부분 그 안타까운 유형에 참여하고 있다는 것이다. 우스꽝스럽게 자기 만족에 취해 도덕군자인 척하는, 위험한 미생물이 우리 모두의 마음속에 도사리고 있다. 우리는 이를 주의 깊게 관찰하면서 짧은 간격으로 격렬하게 무너트려야 마땅하다. 그렇지 않으면 우리의 높은 열망과 빛을 향한 필사적인 투쟁으로 달성한 대부분의 성과가 허사가 되어 버릴 것이다.

공동체를 이해하고 진정한 존중과 우정을 쌓으며 조화롭게 지내지 못하는 것은 근본적으로 부자연스러운 일이며 분명히 잘못된 것이다. 극히 예외적인 상황을 제외하고 대부분의 사람들은 자신이 속한 공동체의 일반적인 특성에서 크게 벗어나지 않는다. 거리에서 보는 수백, 수천 명의 사람들의 혈관에는 자신과 같은 피가 흐르고 있다. 과거를 충분히 살피면 공통 요소를 찾을 수 있다. 동일한 전통과 같은 환경에서 자랐다거나, 같은 기후와 풍경에 익숙하다거나, 동일한 불편함에 고통받고 동일한 이점을 누린다거나, 모두 같은 진화의 단계에서 함께 움직이고 있다거나 등등. 이러한 엄청난 유사점에 비하면 기질이나 두뇌, 교육의 차이는 미미하다. 앞서 말한 유사점들은 외국인이나 다른 세계의 낯선 사람이 나타나도 항상 찾아낼 수 있다.

공동체에 대한 불만이 있다면, 그 결함이 자신에게도 있을 가능성이 높다. 결국, 공동체가 완벽하지 않다고 해서 그

것을 구성하는 개인에게 비판할 자격이 있는 것은 아니다. 우리는 운명에 따라 의무를 이행하며, 가난한 이들을 위해 최선을 다해 나아가야 한다. 모두에게 공동체에서의 삶은 어렵고 때로는 실망스러울 수 있으며, 공동체의 궁극적 목적은 종종 신비롭고 이해하기 어렵다. 어쨌든 우리는 다른 이들과 마찬가지로 공동체에 대한 책임이 있다. 솔직히 혼자서만 상관없는 척 할 수는 없다.

여기서 내가 이야기하는 유대감이 단지 자신과 직접 관련 있는 집단뿐만 아니라 자치 공동체 전체를 포함한다는 점을 강조하고 싶다. 많은 사람이 자신이 속한 집단에는 성실하게 충성하면서 전체 공동체는 거부한다. 어느 정도까지는 우리 모두 다 그렇다. 그리고 그 정도까지 우리는 모두 잘못됐다. 공동체 전체에 대한 이런 빈번한 무시는 우리 사회의 죄 가운데 최악이며, 결국에는 인류의 발전을 가장 저해하는 죄다. 게다가 이것이 자신의 개인적 존재에 불리하게 반응한다는 건 의심할 여지 없이 사실이다. 만약 우리 모두가 일부 사람들처럼 공동체를 거부하고 무시하고 경멸한다면 그 결과는 도대체 어떻게 될까? 확실한 마지막 결과는 집단으로서의 공동체가 쇠퇴하고 더는 존재하지 않게 될 것이다는 점이다.

물론, 공동체 안에서 누군가는 불행할 수도 있다. 그런 사람은 아마도 너무 일찍 태어난 것일 수도 있다. 지금부터 1,000년이 흐른 뒤에 태어났더라면 편안함을 느꼈을 수도 있다. 공동체가 10세기 동안 자신의 수준까지 발전할 수도 있으니 말이다. 그래서 뭐? 도대체 무엇을 어떻게 할 거란 말인가? 끝나지 않을 영원한 목적을 위해 분노를 품을 것이가? 그런 무모한 시도는 하지 마라. 이보다 더 터무니없는 일은 없을 것이다. 비록 자신이 비범하고 지혜롭다 하더라도 한계를 넘어서면 결국 삶을 난관에 빠뜨릴 수 있다. 그 경계를 받아들이고, 그 안에서 살아가라. 한계를 넘어서면 대가를 치러야 한다. 자연스러운 상태에서의 공동체는 당신을 위한 공동체이며, 더 깊이 살펴보고 이해할수록 더 편안해질 것이다. 만약 당신이 공동체보다 우월하다고 느낀다면, 그것을 개선하기 위해 노력하는 것이 당신의 명백하고도 시급한 의무다. 이는 나를 공동체 생활의 보완적인 두 번째 부분으로 안내한다.

낭비되는 노력은 어디에도 없다

공동체 생활에 대한 우리의 작은 불만 중 하나는 사람들이 집단 생활을 개선하기 위해 적극적으로 참여하지 않는다는 것이다. 그들은 필요 이상으로 가혹하게 비판할 수는 있지만, 실질적인 변화를 위해 나서지는 않는다. 이는 매우 비논리적이거나 지나치게 이기적인 자세다. 왜 이렇게 유해한 태도를 취하는가? 선한 의지를 가진 이들의 불참은 집단 생활을 착취할 특정인들에게 이익을 취할 수 있는 기회를 제공한다. 이러한 태도를 유해하다고 지칭하는 이유는 공동체에서의 참여 부족이 착취 가능성을 높이기 때문이다. 실제로 이러한 착취가 발생하고 있으며, 의식 있는 구성원들의 불참이 이를 증가시킨다는 사실은 잘 알려져 있다.

그러나 공동체에 참여하지 않는 이유는 단순한 게으름이 아닐 수 있다. 일부는 자신이 공익을 위한 일에 부적합하다고 생각하거나, 인류에 대한 진정한 믿음이 부족하거나, 개혁과 개선의 규모에 대한 두려움 때문일 수 있다.

만약 믿음의 부족이 교육의 부재에서 비롯된 것이라면, 그것은 공동체가 이룩한 오랜 개선의 역사를 잘 모르는 것에서 오는 무지일 수 있다. 공동체가 불완전하다고 느끼는 사람이 자기 성찰을 통해 공정하게 평가하는 것이 중요하며, 실패가 반복되더라도 좋은 결심과 그 실천을 위한 노력을 계속하는 것은 방해받지 않아야 한다.

공동체의 모든 구성원이 적극적으로 지역사회를 개선하기 위해 노력한다면 집단의 생활은 나아질 것이다. 하지만 그렇다고 해도 속도가 급격하진 않을 것이다. 본래 거대한 움직임은 느리다. 지속적인 효과를 만들어내는 움직임은 느린 움직임이다. 그리고 이는 백만 개 정도의 작은 동작으로 구성된 복잡한 절차이기도 하다. 믿음뿐 아니라 인내심을 가지고 한 번에 한 가지 일, 대개 작은 일 하나를 하는 데 만족하는 사람들이 공동체 개선의 결과를 얻는다. 많은 사람이 공동체 개혁 운동이나 선행을 하는 활동에 몸을 던지고 나서 이를 포기하곤 한다. 여섯 달이나 6년 안에 새천년이 오는 건 아니기 때문이다.

"인류는 구제 불능이다"라고 우리는 말한다. "아무것도 할 수 없다. 진솔한 자세로 전력을 다해 이 운동에 뛰어들었지만, 사방에서 바보와 악당들을 만나 좌절당했고 상황은 그 어느 때보다 나빠졌다. 이제 나는 그만둘 것이다."

그러나 인류가 구제 불능인 것은 아니다. 해야 할 일은 항상 있다. 모든 경로가 다 막혀있는 것도 아니다. 상황은 다른 모든 시기보다 나쁘지 않다. 그리고 우리는 그만둘 권리가 없다. 단지 숨을 고르고 인내할 권리만 있으며 충동적인 유아처럼 행동하지 않아야 할 의무가 있다.

사회의 어느 분야도 참여할 가치가 없는 곳은 없다. 긍정적 효과를 생산한다면 아무리 작은 노력이더라도 소중하다. 어떤 노력도 낭비되지 않을 것이다. 그리고 결코 새로운 밀레니엄은 곧바로 나타나지 않을 것이다. 잘 알고 있지 않은가! 밀레니엄은 키메라다. 천년왕국은 완전함을 의미한다. 100세기가 흘러도 미래의 시민들은 20세기의 우리를 석기 시대의 주민들처럼 여기면서도 여전히 새로운 밀레니엄을 갈망하고 있을 것이며, 여전히 그들 자신의 인간성과 그 추악한 불완전성 그리고 공동체의 비효율성에 충격을 받고 있을 것이다. 죽음 외에 완결성은 있을 수 없다. 천년왕국의 꿈은 우리가 끈기를 갖도록 격려하는 자연의 장치이자 매우 효과적이고 인정할 만한 도구이다.

삶의 보람을 얻는 것은 최고의 축복이다

우리 중 일부는 공동체를 위해 기여하고자 하는 마음이 있지만, 공공사업에 대한 인식이 너무 한정되어 있어 이러한 욕구가 제약을 받는다. 공공사업을 생각할 때 우리는 선거 운동이나 여론 조사, 캠페인, 기획, 로비 활동 등과 같이 지역 신문에 날 만한 일들을 생각한다. 그리고 우리는 설령 그런 일에 손댈 수 있는 능력이 있더라도 정말이지 틀림없이, 그런 종류의 일들을 견뎌내지 못할 거라고 스스로에게 말한다.

그러나 '그런 종류의 일'이 공동체가 스스로를 관리하는 데 있어 중요하고 필수적이기는 하지만, 이것 말고도 참여할 수 있는 다른 활동도 많다. 교육, 오락, 자선, 종교, 예술에 기여하는 모든 사람은 공공사업에 참여하고 있다고 볼 수 있다. 그리고 도움을 주고자 하는 모든 사람을 고용할 만큼 공공사업의 영역은 넓고 충분하다. 아직 아무도 시작하지 않은 긴급한 사업은 제외하더라도, 가장 열정적으로 활동하고 싶어 하는 사람들의 욕구를 충족시킬 수 있는 현재 진행 중인 공공사업은 충분히 많다. 조금만 조사해보면 이전보다 더 좋은 세상을 만들기 위한 조직은이 어디에나 존재하며, 거의 모든 조직이 일꾼이 부족해 어려움을 겪고 있다. 어려운 점은 활동할 곳을 찾지 못한다는 점이 아니라, 다양한 범위에서 현명하게 자신의 자리를 찾는 것이다.

그리고 더 큰 어려움은 올바른 영혼으로 일하러 가는 것이다. 우리는 모든 선지자의 역할을 자신이 떠맡고, 마치 인류 최초로 공공사업에 헌신하기 위해 나선 것처럼 심한 자기만족에 빠진 상태로 일을 시작하기 쉽다. 또한 타협이 필요한 곳에서 독선적인 자세를 보일 때가 많다. 예를 들어 '우리에게는 원칙이 있다', '원칙에서는 물러날 수 없다', '우리는 여가, 건강, 마음의 평화 등 모든 것을 희생할 것이다. 하지만 우리의 원칙은 아니다'. '원칙은 신성하다' 등등. 자신의 원칙이 세상 유일한 진리라면 이는 엄청난 이론이 될 것이다.

그러나 모든 사람에게는 각자의 원칙이 있으며, 그 원칙들을 살펴보면 어떤 사람의 것도 정확히 똑같지는 않다. 그러므로 모든 사람이 우리만큼 엄격하다면 공공 업무는 수많은 개별 조직에 의해 수행되어야 하며, 각 조직은 단 한 명의 개인으로만 구성되어야 할 것이다. 그렇지 않다면 원칙들의 충돌로 되는 일이 하나도 없을 것이다. 그러므로 우리 자신의 원칙이 모든 지혜의 최종 결론이 아닐 가능성도 있다. 세상을 개선하고자 하는 데 있어 경험은 부족할지라도 열정이 넘치는 모든 이들은 타협이 그 일의 본질임을 이해해야 한다. 그렇다, 원칙에 대해서도 타협이 필요하며 어떠한 원칙도 비판과 지속적인 수정이 필요하다.

초심자가 빠지기 쉬운 또 다른 구덩이는 내가 '단순성 망상'이라고 부르는 것으로서 대개 '유일한 해결책 망상'과 함께 다닌다.

"친애하는 동료여, 이는 아주 간단하다. 종이 반 장으로 보여주겠다. 잠시만 생각해보면 된다. 처리되어야 할 일은 X다(X는 가장 선호받는 엉터리 대책이다). X를 무시하면 아무런 결과를 얻을 수 없다. X를 이행하면 모든 것이 괜찮을 것이다."

어떤 공공 문제도 단순하지 않고, 공공의 질병에 대한 간단한 해결책은 존재하지 않는다. 단순한 문제에 대한 간단한 해결책을 믿는 헌신적인 공무원들은 공공의 이익에 해가 될 수 있는 심각한 위험에 놓여 있다.

공동체를 대표해서 어떠한 형태로든 일을 시작하는 것이 올바른 삶에 꼭 필요한 이유로는 세 가지가 있다. 첫 번째는 그러한 일이 아마도 우리의 모든 불만과 불행의 주요 원인인, 거의 모든 사람에게 공통적으로 나타나는 이기적인 사고방식, 태도, 활동의 해독제라는 것이다. 또 "이 세상의 모든 사람은 자기 자신만을 위해 살아간다"는 치명적이면서도 터무니없는 주장에 대한 최고 교정법이다.

공동체에 대한 실망과 불행에 젖어 있는 사람이라도, 자신의 이익을 생각하지 않고 타인을 위해 무언가를 함으로써 내가 옳다는 것을 증명할 수 있다. 그 결과 기분이 즉시 개선되고, 관점이 밝아지며, 용기는 더욱 커진다. 그리고 세상에 대한 인식이 변화할 것이다. 이것은 명백한 사실이다. 자신을 잊고 다른 사람을 생각하라. 그렇게 하면 결국 자신에게도 좋은 영향을 미칠 것이다. 모든 이타적 행동이 결국 자신에게 돌아온다는 것을 알게 될 것이다.

모든 이타주의를 오직 가족을 위한 행위에만 적용하는 것은 바람직하지 않다. 가족은 생계를 위해 필수적인 공동체의 핵심 단위일 뿐이기 때문이다. 가족을 위해 일하면서 그는 자기 자신을 위해 일하고 주로 자신의 본능을 만족시키는 무언가를 위해 일한다. 순전히 개인적 이기주의만큼 단단하고 맹렬한 가족 이기주의의 한 형태다. 가족을 위한 자기희생은 이타주의일 수도 있지만 확대된 이기주의의 변형이다. 그리고 그것만으로는 충분하지 않다. 직전의 전쟁이 증명했듯이 공동체는 가족보다 먼저 지켜져야 하며 가족의 필요가 공동체를 소홀히 하는 것에 대한 변명이 될 수는 없다.

두 번째 이유는 공동체를 위한 활동이 귀중한 도덕적 실천과 규율을 이루는 것 외에도 우리 자신에게 직접적이고 틀림없이 유익하다는 것이다. 이는 공동체를 개선하여 구성원들이 바라는 결과를 가져올 뿐만 아니라 개인적으로 원하는 특별한 방식으로 더 좋은 공동체를 만들 수 있다. 게다가 이는 필연적으로 인류에 대한 우리의 지식을 넓혀준다. 공공사업에 종사하는 사람은 누군가를 만나야 하며 공공사업이 아니었다면 결코 만날 수 없는 모든 부류의 사람들을 만나야 한다. 그의 지인은 배가되고 새롭고 소중한 친구를 사귈 수도 있다. 관점은 교정되고 새로운 시각으로 사물을 볼 수 있고 외교력이 증가한다. 그리고 무엇보다도 세상을 개선하는 데는 온갖 노력이 필요하다는 심오하고 실용적인 진리를 깨닫는다. 한마디로 말하면 공공 활동은 아무리 하찮더라도 다른 어떤 것과도 비교할 수 없을 정도로 노동자를 효과적으로 교육한다. 교육이 완성될 수 있다면, 공공 활동은 인생의 '완성 학교'다.

세 번째 이유는 두 번째 이유의 증폭이다. 두 번째 이유를 더 넓은 측면으로 인식할 수 있다. 공동체를 위해 일하는 것은 삶을 회피하는 유혹에 맞서는 최고의 방어막이다. 삶을 회피한다면, 결코 최상의 삶을 경험할 수 없다. 인생은 누구나 인정할 만큼 어렵다. 그러나 삶은 절대로 죽음의 한 형태가 아니며 어려움을 고의로 찾아 나서는 것은 무의미하다. 하지만 존재의 어려움으로부터 도망치는 것 역시 무의미하다. 걷다가 티눈이 생겼다고 다리를 잘라버리는 것처럼 어리석은 일이다. 그렇게 하면 티눈도 더 이상 생기지 않지만, 영영 걷지도 못하게 된다. 티눈의 고통에 정면으로 맞서는 것이야말로 진정한 삶을 사는 방법이다.

존재의 어려움과 복잡성을 경험한 사람들은 가능한 한 모든 종류의 관계를 축소하면서 세상에 지장을 준다. 결혼? 물론 하지 않는다. 결혼 생활은 어려움으로 가득하기 때문이다. 그래서 그들은 독신으로 남는다. 재산? 확실히 아니다. 자산을 소유한 사람들은 사회의 순교자다. 그에게 고충을 주는 사람은 배관공부터 세금 징수원까지 다양하다. 그래서 그들은 아무것도 소유하지 않는다. 저택을 임차한다고? 당연히 아니다. 하인 관리 문제 하나만 생각해보라! 그러므로 그들은 집을 빌리지 않을 것이다. 친밀한 친구들을 만든다고? 확실히 아니다. 이는 가장 성가시고 복잡한 문제들과 관련이 있다. 친구들의 개성을 헤아리고 초대에 응해야 하며 그 반대 급부로 친구를 초청해서 환대해야 한다. 그러므로 그들은 대인관계를 어쩔 수 없는 지인들로 제한한다. 그들은 호텔이나 가구가 비치된 임시 주택에 머문다. 도서관에서 책을 빌리고 골프클럽에 가입하며 반나절 단위로 차를 빌린다. 그렇게 그들은 모든 어려움과 복잡함을 피한다. 그들이 직면한 유일한 문제는, 비겁함이나 게으름으로 인해 삶을 회피하면서 세상에서 가장 우울하고 지루한 존재가 되어버린 것이다. 그들은 삶을 단순화시킨다. 사실이다! 또한 그들은 삶을 무의미하게 만든다.

현명하게 산다는 것은 충만하게 사는 것, 모든 능력을 다해 사는 것, 항상 삶의 의미를 실현하는 것, 깊고 다양하게 느끼는 것, 주어진 나이에 맞춰 언제나 주어진 하루의 시간이 해야 할 일보다 너무 짧다는 사실을 아는 것이다. 너무 적은 관심보다는 너무 많은 관심을 갖는 것이 낫다. 지루함으로 졸다가 죽는 것보다는 걱정하다가 죽는 것이 더 낫다. 나는 어떤 형태의 죽음을 옹호하는 건 아니며 죽을 만큼의 걱정도 심각하게 반대한다. 과도한 걱정을 하는 사람은 스스로를 학대하는 범죄를 저지르는 것과 같다. 걱정은 일종의 갈등이다. 인생 전문가의 임무는 최대한의 활동과 최소한의 갈등으로 삶을 작동하는 것이다. 만약 그가 갈등을 처리할 수 없어서 삶을 멈추거나 속도를 늦춘다면, 인생에게 참패를 당한 것이다. 인간의 보편적 성향 중 하나는 갈등을 부분적으로 해결하거나 잠시 휴식을 취하는 것이다. 특히 느슨한 기준으로 "성공"이라고 부르는 것을 달성한 후에는 더욱 그렇다. 인생의 진정한 성공은 매일 만족하면서 전체 삶을 완벽하고 원활하게 활용하는 것이다. 그 외에는 어떤 것도 진정한 인생의 성공이라고 할 수 없다.

인생을 최고로 사는 지혜
순수하고 진실된 삶의 지침서

초판 1쇄 발행 2024년 4월 25일

지은이 | 아놀드 베넷
옮긴이 | 윤춘송
펴낸이 | 정광성
펴낸곳 | 알파미디어

출판등록 | 제2018-000063호
주소 | 05387 서울시 강동구 천호옛12길 18, 한빛빌딩 2층(성내동)
전화 | 02 487 2041
팩스 | 02 488 2040
ISBN | 979-11-91122-61-9 (03190)